In de winkel van Sinkel is alles te koop
Daar kan men krijgen: mandjes met vijgen
Doosjes pommade, flesjes orgeade
Hoeden en petten en damescorsetten
Dropjes om te snoepen en pillen om te poepen

In de winkel van Sinkel is alles te koop

Art de Vos

Scriptum / Spaarnestad Photo

SPAARNESTAD PHOTO

"In feite zijn alle ontwikkelingen in de detailhandel terug te voeren op de veranderingen van de mens."

Albert Heijn

Verkoop langs de deur.

Kleding op maat.

Inhoudsopgave

Er zit een gat in de tijd

Achter de rekken met potten en pannen van een Nijmeegs warenhuis zit een klapdeur. Wie daar doorheen gaat, verdwijnt door een gat in de tijd. Je komt in een lange, schemerige gang met links lege kantoortjes en rechts een onafzienbare wand. Plotseling een nis met een piepklein keukentje. Naast het aanrecht nog een deur. Trillend TL-licht en dan is het 1970.

"Hee! De aapjeskast!"

Ik voel me weer een kleine jongen. In korte broek gooi ik met plakkerige handen keer op keer een dubbeltje in de kast. De gekleurde gloeilampen springen aan, het apenorkest komt tot leven en ik hoor de *big-band* ...

Voorzichtig schuifel ik verder door dit gat in de tijd. Vanachter twee manshoge houten beelden en een kasregister uit de jaren twintig staren twee mannen mij aan. Ze staan tussen dozen en stellingen midden in de geschiedenis van het warenhuis. De ene man is oud, kort en rond. De andere jong, dun en heeft lange haren. De meester met zijn leerling.
"Welkom in het archief van V&D," zegt de oudere man. De lange jonge man zegt niets en bladert verder door de papieren in zijn handen. Het archief is een geordende chaos. Een bolhoeden-stomer, prijstangen, een kokosmat-zoom-machine,

Aapjeskast.

kassa's, maar ook kunstvoorwerpen zoals bronzen plaquettes en portretten van hele generaties Vromen, Dreesmannen en Rosenmöllers. Overal waar je kijkt staat wat: kisten, kratten, dossiermappen, reclamespullen en winkelmaterialen.

'Archivaris' mag je Ton Hooft niet noemen. Maar hij is wel het wandelende geheugen van V&D. Na 36 jaar warenhuis is hij nu met pensioen. Toch laat het bedrijf hem niet los: al zijn vrije tijd besteedt hij aan het inventariseren, ordenen en toegankelijk maken van 120 jaar warenhuisgeschiedenis.

"Medewerkers sturen mij vanuit alle filialen in het land spullen toe. Een niet aflatende stroom, eigenlijk onbegonnen werk. Maar als ik dit niet doe, dan is de boel reddeloos verloren."

Tja, tijden veranderen. Maar Ton Hooft heeft toch hulp? De jonge man met het lange haar kijkt op uit zijn paperassen. Colbertje, grijze visgraat, spijkerbroek. Als hij geen stagiair is, dan is hij wel een reïntegrerende langdurig werkloze.

"Mijn naam is Wilpert Dreesmann. Ik ben op zoek naar informatie over mijn betovergrootvader."

Wilpert blijkt kunsthistoricus en stamt uit de lijn van Theo Dreesmann, de oudste kleinzoon van de grondlegger. Theo Dreesmann bleef buiten het concern.

"Mijn grootvader werd jurist en bankier. Ook mijn vader ging niet in het warenhuis aan het werk. En omdat hij er nooit veel over vertelde, heeft dat mij juist nieuwsgieriger gemaakt."
Wilpert voelt geen grote verbondenheid met het huidige concern. "De familienaam is inmiddels verdwenen van veel van de gevels van V&D en over tien jaar koppelt niemand het bedrijf meer aan de naam Vroom of Dreesmann."

Zo is het! De aapjes verbleekt, de *big-band* verstomd. De winkels in de straat verdwijnen of veranderen van naam en eigenaar. Nieuwe producten, anders betalen en winkelen op internet: het leidt tot een razendsnelle verandering. Wat blijft, is de herinnering en de almaar groeiende welvaart. Iedere nieuwe generatie heeft meer te besteden dan de vorige.

In zijn handen heeft Wilpert getypte velletjes. Ik mag even kijken: *Wordingsgeschiedenis van een Groote onderneming, Verhaald door den Heer A.C.R. Dreesmann, op villa Looverhof te Bussum 1934*. Authentieke warenhuisgeschiedenis uit de pen van één van de belangrijkste hoofdrolspelers: de grondlegger van V&D. Uniek materiaal voor dit boek.

Art de Vos

Even boodschappen doen

Even boodschappen doen. Lekker shoppen. Dat kan in Nederland overal en ongelimiteerd. Ons land is overdekt met een wijdvertakt netwerk van buurtwinkeltjes, winkelcentra en 'Megamalls'. Je hoeft nooit ver te reizen om dagelijkse boodschappen te doen. Ook voor kleding of witgoed en andere luxeartikelen kun je meestal in je eigen woonplaats terecht. Alleen wie buitenaf woont of in een echt klein dorp, moet met de auto naar één van die 275.000 winkels in ons land om daar geholpen te worden door één van de bijna 3 miljoen winkelmedewerkers.

Je staat er niet bij stil wat een ongelooflijke welvaart dit is. Vraag het een Pool van een jaar of vijftig en hij kan je precies vertellen hoe het is als je het zonder moet stellen. Lange rijen voor schaarse en lege winkels! Het was decennialang *het* handelsmerk van het 'Oostblok'. Pas nadat de Muur viel, verdwenen de rijen.

Toch is ook Nederland nog niet zo heel lang gezegend met zijn assortiment. Het brede winkelbestand, tegenwoordig aangevuld met virtuele winkels op het internet, ontstond pas toen er iets werd verdiend door de massa. De Welvaartsstaat die zich in de twintigste eeuw geleidelijk in ons land ontwikkelde, zorgde voor een groot, kapitaalkrachtig en koopgraag publiek. Steeds meer ondernemende winkeliers openden hun deuren; kwestie van vraag en aanbod.

DOUWE EGBERTS KOFFIE
MAGGI
ROYAL CROWN

Niks te makken, altijd poffen

In alle eeuwen daarvoor had de massa geen cent te makken. Je was blij als je wist te overleven. Omdat niemand geld had, bestond er een wijdverbreid gebruik van 'poffen'. Wat je in de schaarse winkels haalde, werd bijgeschreven op de 'lat'. Eens in de paar maanden - soms zelfs eens per jaar – werd er afgerekend. Je deed je 'aankopen' strategisch. Je spreidde het over een aantal leveranciers, je betaalde hier wat en dan daar. Je knoopte de eindjes aan elkaar en stond overal 'in het krijt'. Zo werd je schuld bijgeschreven op de lat.

De winkelier deed zelf trouwens mee in dit pof-circuit. Want met al dat uitstaande krediet, had ook hij het niet breed. Hij was net zo'n arme donder als zijn klanten. Als hij wat verdiende, dan werd dat in de sok gestopt als oudedagsreserve. Investeren in aanbod of vernieuwing was er niet bij. De typische winkeliersaanduiding 'middenstand' was tot ver in de negentiende eeuw niet op hem van toepassing.

Houden wat je hebt en geen risico's lopen. Dat was heel lang het kenmerk van de winkelier. Het aanbod werd vaak zelf gemaakt in de winkelruimte die ook als werkplaats diende. De ambachtslieden in deze werkplaats/winkels waren verenigd in gilden. Kleine maar machtige plaatselijke kartels. Het gilde verdeelde de markt en bepaalde de prijzen. Dat is nu ondenkbaar, maar in voorgaande eeuwen een noodzakelijke bescherming. De vraag was te beperkt, de productie tijdrovend: het was allemaal handwerk.

Beunhazerij en prijsverval konden grote schade aan het gilde toebrengen, vandaar dat de strenge regels goed werden gecontroleerd. Vrije vestiging en concurrentie waren tot aan de negentiende eeuw uitgesloten. De Franse Revolutie, gevolgd door de Franse verovering van Europa, maakte een eind aan het gildensysteem. In 1798 kreeg Nederland de 'vrijheid van beroep'.

Omdat er heel lang geen kooplustig publiek bestond, waren er ook maar weinig echte winkels zoals we die nu kennen. Voor de dagelijkse boodschappen kon je terecht op de markt. Er was elke dag wel een groente-, vis- of kaasmarkt waar je heen ging. Rondom deze markten waren er wat woonhuizen met op de begane grond of in de kelders iets wat je winkels zou kunnen noemen.

Ging je daar naar binnen, dan was het doen van aankopen een heel gedoe. Een etalage en vrij rondkijken langs uitgestalde goederen was er niet bij. Je mocht in een gesprekje duidelijk maken wat je zocht, maar was afhankelijk van wat de winkelier van onder de toonbank opduikelde. *En passant* probeerde de winkelier al kletsend nog wat extra's te slijten. De prijs stond ook niet vast. Die kwam al lovend en biedend tot stand.

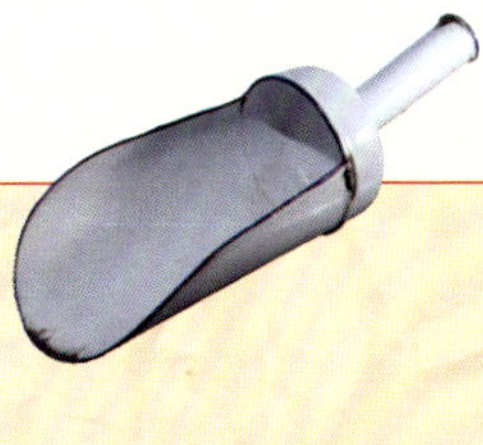

De eerste winkels waren nauwelijks te onderscheiden van woonhuizen. Sterker nog: het waren woonhuizen, gecombineerd met een kleine nering. Links de Dorpsstraat in Harmelen, het pand rechts op de foto is de bakker.

Kamerik. Slager Den Hertog staat in zijn witte jas voor de slagerij. Zijn buren drijven ook een winkeltje.

Zo kwam het regelmatig voor dat je met iets thuis kwam dat je eigenlijk niet wilde, maar toch maar kocht omdat je je verplicht was gaan voelen.

Door de beperkte concurrentie en vaste relaties tussen leverancier en klant (krediet!) werd er weinig aandacht besteed aan het uiterlijk van de winkel. Uithangborden, winkelpuien, vitrines en uitstallingen kwamen pas in het straatbeeld nadat er wat meer geld onder de mensen kwam. In ons land ging dat samen met de verstedelijking en industrialisatie die in de loop van de negentiende eeuw op gang kwam.

Woonde je op het platteland, dan was het nog beroerder gesteld met de mogelijkheden om wat nieuws aan te schaffen. Inkopen werden gecombineerd met een bezoek aan een versmarkt waar je zelf ook je waren aan de man bracht. Kwam je nooit in de stad? Dan was je afhankelijk van 'leurders': marskramers en reizende ambachtslieden. Zij trokken over het platteland van stad naar dorp en verspreidden koopwaar, geruchten en ziektes.

Kortom: in voorbije eeuwen een boodschap doen was een kwestie van een lange adem. Tijd en geduld waren ruimer voorhanden dan geld en keuzemogelijkheden.

De stoomboot gemist

In de tweede helft van de negentiende eeuw kwam er verandering in het winkelaanbod. Dat was later dan in de omringende landen. Ons land had de industriële boot een beetje gemist en lag wat achterop bij de modernisatie van het productieapparaat. De industrialisatie bracht een keten van ontwikkelingen op gang die we uiteindelijk ook terugzien in de winkelstraat.

De inzet van stoommachines en de machinale vervaardiging van spullen leidde tot massaproductie. Het aanbod nam toe en de prijs ging naar beneden. Door het succes van de opkomende industrie kwam er een bevolkingsgroep bij die wat meer te besteden had. De middenklasse van klerken, kantoorbedienden, technici en ambtenaren maakten het ontstaan van een groter winkelaanbod mogelijk: zij joegen de vraag naar producten aan.

De echte grote massa van werkvolk en sloebers had overigens nog steeds niets te verteren. Het lompenproletariaat was en bleef afhankelijk van de vlooienmarkt, de bedeling en de pof.

In het buitenland zagen de Nederlanders hoe de *beau monde* inkopen deed. Frankrijk, of beter: Parijs, ging vanaf 1800 voorop, gevolgd door Engeland en nog later Duitsland. In deze landen ontstonden de winkelcentra *avant la lettre*: de Passages.

'Aan beide kanten van deze gangen, waar het licht van boven invalt, rijgen zich de meest elegante winkels aaneen, zodat zo'n passage een stad, ja een wereld in het klein is.'
Passage te Rotterdam.

De passage in Den Haag (1885).

In een overdekte ruimte, onder een glazen dak en in een luxe entourage trof je hoedenmakers, bijouterieën, parfumerieën, restaurants en modezaken in afzonderlijke winkeltjes bij elkaar. Deze overdekte winkelgalerijen vormden de bakermat voor de latere warenhuizen. Je kon er flaneren en ontmoeten, het licht, de sfeer en de uitstallingen van goederen moesten de kooplust prikkelen.
Zo zag de negentiende-eeuwer de passage:

"Deze passages zijn een recente uitvinding van de industriële luxe. Door glas overdekte, met marmer betegelde gangen die door hele huizenblokken heenlopen waarvan de eigenaren zich verenigd hebben voor dit soort speculatie. Aan beide kanten van deze gangen, waar het licht van boven invalt, rijgen zich de meest elegante winkels aaneen, zodat zo'n passage een stad, ja een wereld in het klein is."

In deze passages wordt geëxperimenteerd met nog zo'n industriële luxe: gasverlichting. Voortaan kan er ook bij schemerduister inkopen worden gedaan. In Nederland was er wel belangstelling voor deze nieuwigheden. Net zoals er belangstelling was voor de Wereldtentoonstellingen die in de negentiende eeuw furore maakten. Maar om er in te investeren, dat was nog heel lang een stap te ver. Men hield het liever bij het oude. Zo herinnert Anton Dreesmann zich nog goed dat als "het een zeer strenge winter was, de winkel onverwarmd was, en de deuren steeds wagenwijd open, zooals destijds in alle zaken in Holland. In geen enkele zaak was verwarming, zoodat ik heel wat koude heb moeten uitstaan."

Uiteindelijk kwam in 1879 de eerste overdekte Passage in ons land van de grond op de honderd meter tussen de Coolvest en de Korte Hoogstraat in Rotterdam. Zestig jaar later vakkundig weggebombardeerd zodat er niets meer van is terug te vinden. De tweede Passage die in ons land tot stand kwam, kun je nog steeds bezoeken in hartje Den Haag (1885).

Overigens was het omstreeks deze tijd al weer gedaan met de passage in de moderne wereld buiten Nederland. Bij het aanbreken van de twintigste eeuw kreeg de passage een bedenkelijke reputatie en raakte al snel in verval. De Franse arts en schrijver Louis-Ferdinand Céline:

'Het was inderdaad niet te geloven zo verpest als de lucht was in de passage. Alles werkte mee om je te laten creperen, langzaam maar zeker, de hondenpis, de stront, de fluimen, de gaslekken. Het was er smeriger dan in een cachot. Onder de glazen overkapping was de zon zo ellendig bleek dat een kaars nog meer licht gaf. Iedereen kreeg last van ademnood. De passage werd zich bewust van zijn eigen verstikkende stank!'

In het vooruitstrevende buitenland nam een nieuw fenomeen de rol van de passages over: het warenhuis. In ons omringende landen ontstond vanwege de veel verder doorgevoerde industrialisatie een grotere groep mensen die iets kon betalen. Bovendien zorgde massaproductie voor een groter aanbod tegen lagere prijzen. Het warenhuis werd de opvolger van de passage en was er niet alleen

voor de elite. Ook de wat lagere sociale klassen konden er terecht voor confectiekleding tegen vaste scherpe prijzen.

En Nederland? Dat was de hele negentiende eeuw het achterlijke broertje van Europa. De Duitse schrijver Heinrich Heine heeft ooit beweerd dat je bij het einde van de wereld het beste naar Nederland kon verhuizen, daar gebeurde immers alles vijftig jaar later! Hier bleef winkelen dus een armzalige en vooral tijdrovende bedoening. Zeker als je in de provincie kwam, de welvaart moest haar weg naar het Nederlandse volk nog vinden.
Kijk naar Leeuwarden in 1900. Dat telde slechts vijfenzeventig straten en nog zo'n honderd steegjes. 's Avonds werden die spaarzaam verlicht met een stuk of twintig olielampen en zo'n zeshonderd gaslampen. Er waren weinig winkels, de meeste handel werd nog steeds op straat gedreven door straatventers en op de markt. Vooral de straathandelaren konden met moeite het hoofd boven water houden. Maar ook wie een vaste winkel dreef, had het niet breed.

En toch is het juist deze noordelijke streek waar enkele buitenlanders de kiem legden voor de detailhandelrevolutie die Nederland in de twintigste eeuw doormaakte. De grote vernieuwingen in onze winkelmogelijkheden hebben we aan Duitse immigranten te danken.

Allochtonen, immigranten en het winkelen in Nederland

We denken wel eens dat Nederland nog maar net een immigratieland is en dat die buitenlanders alleen maar voor problemen zorgen. Toch heeft ons land in zijn geschiedenis regelmatig periodes gekend waarin de buitenlanders toestroomden. Wie elders met zijn vingers tussen de deur zat, was altijd welkom in Holland. Zo dankte het Amsterdam van de zestiende (Gouden) Eeuw zijn groeiende welvaart mede aan de politieke en economische vluchtelingen van toen!

Toestroom van buitenaf leidt tot maatschappelijke vernieuwing. Allochtonen droegen niet alleen hun steentje bij aan onze welvaart en maar ook aan onze culturele rijkdom. Zo zijn Nederlanders in de twintigste eeuw anders gaan eten door de toevloed van repatrianten uit de voormalige koloniën Indonesië en Suriname. Zij veranderden letterlijk onze smaak. De latere gastarbeiders en politieke vluchtelingen uit den vreemde deden de rest. Er is vandaag geen Nederlander meer die nog nooit buiten zijn groententuin heeft gegeten.

Zo ging het ook met het winkelen.

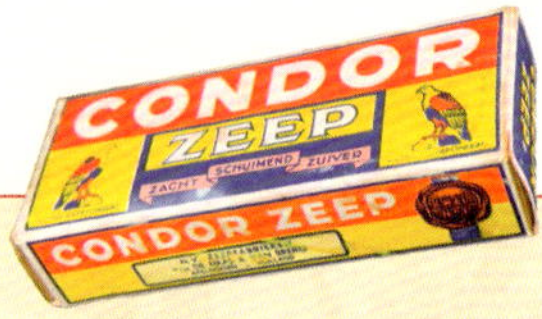

Winkelen leerden we namelijk van de Duitsers. Niet dat we tegen ze opzagen. De zelfgenoegzame Nederlanders vonden de Duitsers boers, lomp en op zijn positiefst nogal militaristisch. Dat deze feiten totaal anders waren, leert de geschiedenis. De Duitse immigranten brachten niet alleen de kerstboom en beter bier mee, maar stichtten vooral de eerste grootwinkelbedrijven. Met heuse etalages en vaste prijzen. Een revolutie in de polder! De veranderingen waren voor die tijd zo groot, dat de namen van de hervormers doorklinken in het heden.

Sinkel, Dreesmann, Hunkemöller, Clemens & August (C&A) Brenninkmeijer,
Peek en Cloppenburg, Kreymborg, Lampe, Voss, Hoyng ....

Deze families zorgden voor nette winkels waar je niet hoefde af te dingen. Door vernieuwend winkelieren gingen de prijzen naar beneden, je mocht vrij rondkijken en de kwaliteit van de waar was goed. Het leuke is dat vooral de vroegste immigrantenfamilies elkaar kenden en bijna allemaal uit dezelfde streek kwamen. Ze waren zeer succesvol, maar integreerden naar onze huidige maatstaven slecht. Ze huwden in eigen kring en speelden elkaar de bal toe met baantjes en financieringen. Ze zorgden zo voor een bloeiende bedrijfstak met tevreden klanten.

We volgen een paar van de bekendste families op hun weg naar Nederland.

C&A

De gebroeders Brenninkmeijer kwamen uit Mettingen vlak bij Osnabrück. Dat ligt in het Duitse Westfalen dat grenst aan Nederland. Ze openden in 1841 in Sneek een textielzaak. De relatie tussen Mettingen en de noordelijke Nederlandse provincies is al oud en textiel speelt daarin een belangrijke rol.

Seizoensarbeiders uit de streek rond Westfalen vonden als maaier, knecht of meid emplooi op de Friese en Groningse boerderijen. Een beetje afgunstig stelden de Nederlandse boerinnen vast dat het inhuurpersoneel in beter linnen rondliep dan zijzelf. De Mettingse linnenindustrie maakte betere kwaliteit. Zo komt het dat er al sinds de zeventiende eeuw Duits linnen via arbeiders zijn weg vond naar onze noordelijke provincies.

Na verloop van tijd hingen maaiers en meiden hun zeisen en dweilen aan de wilgen. De handel was veel profijtelijker en dus zeulden ze voortaan grote pakken linnen mee naar het noordwesten. Naast vaste klanten bedienden de 'findoeks-' of 'lapkepoepen' (lappenjongens) ook de lokale markten zoals die van Sneek op het Schaapmarktplein. Veel van deze linnenverkopers vestigden zich midden achttiende eeuw in Noord-Nederland. In Nederland zag men ze als Duitse import, maar in Duitsland zelf werden ze Holländer genoemd. Ze spraken onderling een soort bargoens dat niemand kon verstaan. Deze geheimtaal maakte het

Hoofdkantoor, atelier en expeditie van C&A aan het Damrak in Amsterdam. Het pand van architect Berlage brandde in 1963 tot de grond toe af.

In 1902 opent C&A een filiaal in Groningen. De winkel aan de Vismarkt komt naast concurrent Gebr. Gerzon.

Binnen 't half uur
slaagt ieder figuur!
En .... voordeeliger dan elders!
Eén proef met de goede C & A kleeding zal een ieder
overtuigen, dat hij bij ons, dank zij ons groot aantal mater
en tusschen-maten, gemakkelijk direct kan slagen!
18⁵⁰ 24⁵⁰ 29⁷⁵ 32⁷⁵
35.- 38.- 45.- 53.-
7⁵⁰ 10⁵⁰ 13⁷⁵ 16⁵⁰
In doorsnêe daalden
de toch reeds ongekend
lage C&A-prijzen
voor Heerenkleeding:
8.08%
14.85%
21.38%
Dit beteekent, dat U zich bij
ons, ondanks ev. minder
inkomen, toch méér klee
ding kunt veroorloven!
C&A
BRENNINKMEYER
is toch voordeeliger!
DEN HAAG · HAARLEM · LEIDEN · UTRECHT · ARNHEM · GRONINGEN

mogelijk om ongestoord over de handel te praten zonder de kans afgeluisterd te worden.

De lapkepoepen en marskramers kwamen de noordelijke streken binnen via de *Alde Drintse wei* door de *Heide van Allardseach* en de *Bakkefeansterdúnen*. Het terrein was ruig, onbegaanbaar en er was maar één weg door het hoogveengebied. Vanaf 1841 sloegen de gebroeders Clemens en August Brenninkmeijer in Sneek voorraden linnen voortaan op in een pakhuis. Ze hoefden dus niet keer op keer de barre reis naar Westfalen te ondernemen. Het eerste hoofdstuk in het 'súksesferhaal' van de Duits-Fryske C&A-keten werd aldus geschreven.

Naast de familie Brenninkmeijer kwamen ook de families Lampe, Schrakamp en Stockmann mee die we ook kennen van de textiel- en detailhandel. Ook de Sinkels en Dreesmannen kwamen uit dezelfde streek in Westfalen. Leuke parallel met het heden: deze immigranten huwden hun bruiden in hun geboortestreek en gingen terug in Nederland later over tot gezinshereniging!

Twintig jaar na de vestiging in Sneek (1861) werd het eerste filiaal van C&A geopend. Je kon er confectiekleding krijgen: op maat en uit voorraad. Dat was betrekkelijk nieuw voor een land waar je hooguit enkele keren in je leven een pak kocht bij een kleermaker. Omdat C&A-prijzen zo gunstig afstaken bij het klassieke kleermakerswerk, gingen de zaken voorspoedig C&A groeide als kool. In

1910 waren er tien filialen in ons land. In 1911 keerden de eerste Brenninkmeijers terug in de Heimat om filialen te openen en tien jaar later trok de familie de Noordzee over naar Engeland. Na de Tweede Wereldoorlog volgden België (1960); Frankrijk (1968); Luxemburg (1969); Zwitserland (1977); Spanje (1980); Oostenrijk (1984); Portugal (1990); Ierland en Tsjechië (1999). Toen raakte de familie buiten adem en trok zich in 2001 terug uit Engeland en Ierland. Inmiddels, echter, is het rijtje weer uitgebreid met Hongarije, Polen en Rusland.

Het familiebedrijf overleefde twee eeuwwisselingen en is nog altijd een gesloten maar succesvolle onderneming. De familie Brenninkmeijer behoort tot de rijkste van ons land en exploiteert een eigen bank om het vergaarde kapitaal te beheren.

Het atelier van de winkel van Sinkel, Nieuwendijk, Amsterdam.

De winkel van Sinkel

Ook Anton Sinkel was pionier uit een geslacht van rondtrekkende Duitse handelaren. In 1802 raakte hij in Amsterdam verzeild waar hij in 1822 de eerste van tal van zijn winkels opende. Het was voor het eerst dat je in een winkel contant tegen vaste prijzen kleren uit voorraad kon kopen.
Vanwege het succes werd het assortiment uitgebreid. Wat binnen op voorraad was, werd in een etalage uitgestald. Een noviteit. Je kon vrij binnenlopen, loven en bieden was niet nodig want de prijzen stonden vast. En wat ongehoord was: hij adverteerde in kranten! Dat was een rechtstreeks gevolg van zijn 'trekkersverleden'. Want reizende handelaren waren afhankelijk van de bekendheid van hun aankomst onder de mensen en stuurden dus bericht vooruit. De pre-industriële reclamemedia als dorpsomroepers, dominees en kranten speelden daarin een belangrijke rol.

In 1836 breidde Sinkel uit aan de Oudegracht in Utrecht. Het was zijn bedoeling om een aantal panden te slopen en een warenhuis te beginnen maar hij maakte weinig haast met de nieuwbouw. De buurt begon te klagen over de bouwput en de gemeente bemoeide zich ermee. Maar Sinkel was tumult en krantenberichten wel gewend, sterker nog: het vestigde de aandacht van het publiek op zijn nering. En daar was hij groot mee geworden.

Winkel van Sinkel, Utrecht.

Tijdens de bouw van het pand, dat nog altijd als horecagelegenheid zijn naam draagt, ging één van de 'ijzeren dames' die de gevel zouden sieren te water. De uit Engeland geïmporteerde gietijzeren beelden waren meteen de *talk of the town*. Toen het beeldbepalende gebouw in 1839 klaar was, wist iedereen de winkel van Sinkel te vinden ...

In de winkel van Sinkel is alles te koop
Daar kan men krijgen: mandjes met vijgen
Doosjes pommade, flesjes orgeade
Hoeden en petten en damescorsetten
Dropjes om te snoepen en pillen om te poepen

Anton Sinkel blies zijn laatste adem uit in 1848, zijn nering sloot haar deuren pas in 1912. Maar zijn naam klinkt door tot op de dag van vandaag.

Winkel van Sinkel,
Utrecht, 2001.

Nog meer Duitschers

Na de eerste *Einwanderern* uit de achttiende en begin negentiende eeuw, volgde een halve eeuw later een nieuwe golf. De politieke vluchteling van de negentiende eeuw was namelijk Duitser.
Van alle vreemdelingen in Nederland was in de tweede helft van de negentiende eeuw zestig procent van Duitse afkomst.

Tot aan de jaren zestig in de twintigste eeuw zag Nederland niet zo'n grote groep uit een en hetzelfde gebied over zijn landsgrenzen stromen! Deels waren het politieke vluchtelingen, maar er waren ook economische vluchtelingen. Gelukszoekers zouden we hen nu noemen. Aangemoedigd door het succes van iemand als Sinkel wilden deze ondernemende Duitsers hier graag een gokje wagen.
In absolute aantallen ging het om vijftigduizend personen op een bevolking van drie miljoen Nederlanders. Dat is voor die tijd natuurlijk heel veel, als je bedenkt dat sindsdien de bevolking is vervijfvoudigd. In verhouding zou het nu dus gaan om de immigratie van 250.000 mensen uit één land ...

Vooral ondernemende jonge Joodse en katholieke Duitsers verlieten in steeds grotere getalen de *Heimat*. Onze Oosterburen waren namelijk bezig met het smeden van Duitsland tot één staat. Dat ging gepaard met heftige weeën en schokken. De *'Kulturkampf'* die onder Bismarck werd uitgevochten tussen de protestantse en roomse elites werd in het voordeel van de Pruissen beslecht. Deze protestanten wonnen en de roomsen werden weggepest. De Pruissische dominantie betekende ook een dienstplicht die wel drie jaar kon duren.

Wie zich in het Tweede Rijk niet wilde schikken, moest wijken. Nederland was weliswaar ook een protestantse natie, maar stelde zich aanzienlijk toleranter op tegenover zijn religieuze minderheden. Veel Duitse jonge mannen namen de wijk naar ons land.

Anton Dreesmann, grondlegger van V&D in 1934:
"In Januari 1871, op zestienjarige leeftijd dus, ben ik naar Holland gekomen. In dien tijd was de trek van Duitschland naar Holland zeer algemeen, en vooral van betere middenstand trokken veel ondernemende jongelui hierheen, deels omdat ze verwachtten hier een betere toekomst te hebben, deels door het feit dat speciaal de ouderen zich niet konden schikken in de nieuwe staat van zaken; immers in 1866 was de staat Hannover, waarin ook Haselunne gelegen is, overgegaan naar Pruissen. De ouderen nu, moedigden veelal hun kinderen aan om 'auszuwanderen', temeer waar men hierdoor aan de ingevoerde driejarigen dienstplicht ontkwam."

Er kwamen ook nog andere immigranten uit het Oosten. Joden ontvluchtten de pogroms in Polen en Rusland waar ze bovendien – net als elders – werden uitgesloten van talloze beroepsgroepen. In het liberale Amsterdam was door de eeuwen heen al een grote groep Joden neergestreken die zich hadden bekwaamd in handel en financiële dienstverlening.

Een sociaal stelsel met uitkeringen bestond niet en deze vluchtelingen waren initiatiefrijk en ondernemend. In de tweede helft van de negentiende eeuw zien we opeens dat deze outsiders een grote impuls geven aan de vernieuwing van de detailhandel. Deze immigranten moesten immers in hun bestaan kunnen voorzien. Wie niet van rijke komaf was, ging in de lagere dienstverlenende beroepen aan de slag. Veel Duitse vrouwen en meisjes vonden een betrekking als dienstbode. Jonge mannen en vrouwen gingen aan de slag als winkelpersoneel.

Wie ambitieus was, begon op termijn voor zichzelf. En dat waren er velen want het verloop onder het Duitse personeel was enorm. Ze keken goed om zich heen en als ze genoeg geleerd hadden gingen ze in zaken, soms geholpen door de baas die hiermee een aandeel in een nieuwe onderneming verwierf. Want men speelde als een heus *'Mannschaft'* elkaar de bal toe en hield rekening met elkaars belangen, zoals blijkt uit een onderonsje tussen Peek & Dreesmann:

"De Heer Theod. Peek kwam op zekeren dag bij ons, en vertelde dat er in Utrecht, op de allerbeste stand, een huis verkocht werd, en vroeg of wij dat wilden nemen. De Heer Peek gunde ons het huis graag, en wilde ons dan ook met alles ten dienste zijn, maar vervolgens had hij twee punten op het oog, en wel: hij wilde er niet graag een confectiezaak in hebben, en vervolgens

wilde hij er niet gaarne een concurrent voor de Firma Hoyng, waarmede hij goed bevriend was, in zien."

Populair waren de manufacturenzaakjes. De letterlijke vertaling van manufactuur is 'handwerk'; de winkeltjes verkochten stoffen, handgemaakte kleding en accessoires. Door goed samen te werken en elkaar te helpen in plaats van te beconcurreren werden Peek & Cloppenburg, Vroom & Dreesmann en Hoyng uiterst succesvol. Ze overleefden de eeuwen, de namen bestaan in ieder geval tot op de dag vandaag.

Vroom & Dreesmann

Naast gevreesde concurrenten voor de bestaande Nederlandse winkeliers, waren het ook leermeesters. Eén van hen, Dreesmann, ging een alliantie aan met een Nederlandse collega winkelier met wie hij dezelfde katholieke kerk deelde. De vrienden en latere zwagers Willem Vroom en Anton Dreesmann bouwden hun vennootschap uit tot een immens imperium. Magazijn De Zon heette de eerste V&D in 1887. Het was een Amsterdamse onderneming in manufacturen.

De Dreesmannen waren katholiek en op de vlucht voor het Pruissische bewind in Duitsland. Ze hadden het winkelvak in Duitsland geleerd en zetten hun nering voort in Amsterdam waar de Dreesmannen elkaar verder hielpen. De familie was overigens ook verwant met de familie Sinkel zodat je mag verwachten dat ze ook daar wel eens terecht konden. Anton ging in de leer bij een Duitse handelaar, maar verdiende weinig. "Veel geld heb ik er niet verdiend, ik was er intern en verdiende het eerste jaar nihil, het tweede jaar vijftig gulden, zooals usance was, en het derde jaar vijf en zeventig gulden." Anton leende van een suikeroom een startkapitaaltje om voor zichzelf te beginnen. Tweeduizend gulden, de suikeroom ging er vanuit dat hij dit geld kwijt was.

Anton begon een textielhandeltje (1878) in incourante en restpartijen. "Hiermee had ik buitengewoon succes, daar ik mijn clientèle voor goedkoopere prijzen

VROOM & DREESMANN
VROOM & DREESMANN
453

MAGAZIJN HOOGSTRAAT 153

hoek GOUDSCHE WAGENSTRAAT

Afdeeling Japonstoffen.

DEZE AFDEELING OMVAT:

JAPONSTOFFEN

STEEDS VOORRADIG HET NIEUWSTE

IN ZWARTE-, GEKLEURDE- EN FANTAISIE-STOFFEN

FLUWEELEN EN ZIJDEN-STOFFEN

V&D in de Weesperstraat, Amsterdam.

VROOM & DREESMANN
DE ZON

MANUFACTUREN-

EN

MANTELMAGAZIJN

„DE ZON"

Amsterdam, Rotterdam, Den Haag.

NIJMEGEN,

GROOTE MARKT 12. GROOTE MARKT 12.

OPENING

Zaterdagavond 6 April.

De Verkoop geschiedt tegen buitengewoon lage doch vaste prijzen, uitsluitend à contant zonder eenige korting.

VROOM & DREESMANN.

beter goed verkocht dan menig ander en zelf veel grootere winstmarge kon maken", zoals Anton Dreesmann zelf zijn startperiode samenvatte. Al in het eerste jaar verdiende hij veel meer dan hij ooit in loondienst had gebeurd en de blij verraste suikeroom bleek bereid nog eens tweeduizend gulden te lenen voor een huis.

Anton Dreesmann concludeerde dat hij nu wel aan de vrouw kon.

En weer trouwde er een Duitser in eigen traditionele kring. In Franeker vond hij een dochter uit een geslacht van ex-handelsreizigers van Westfaalse afkomst. Helena Tombrock had een paar centen en bracht via haar familie voldoende kapitaal in om te kunnen groeien.

Vrijwel tegelijkertijd was ook een Groninger vrijgezel voor zichzelf begonnen: Willem Vroom. Ook met geleend geld en met een manufacturenzaakje (1881). De vakgenoten waren ook geloofsgenoten en leerden elkaar via de katholieke kerk steeds beter kennen. Ze werden dikke vrinden. In 1883 werden de vrinden zwagers toen Willem trouwde met de zus van Helena: Franciska Tombrock. Het was het begin van een zakenimperium met dynastieke trekjes.

De familieband bracht de zwagers ook zakelijk dichter bij elkaar. Dreesmann had een scherp zakelijk inzicht, Vroom had gevoel voor reclame en marketing.

Toen Willem Vroom een nieuw pand betrok en het andere leeg moest opleveren, vond hij de uitverkoop uit. Alles moest weg. Dat lukte met sterk gereduceerde prijzen en tegen contante betaling. Dit succes legde de basis voor een revolutionaire winkelformule: lage winst - hoge omzet - vaste prijzen - contante betaling.

Lokartikelen tegen inkoopprijs (of daar nog onder) trokken grote drommen mensen. De zwagers trokken hierin samen op en weken sterk af van de aanpak van andere winkeliers. Dreesmann: "Dit was het begin van 'vaste prijzen, à contant". Tevens werd van toen af aan ook de tactiek gevolgd: beginartikelen inkoopprijs, verder een matige winst."

Dus niet een hoge marge behalen bij de kapitaalkrachtige koper, maar met minder genoegen nemen en zoveel mogelijk mensen naar binnenhalen. Vroom schijnt hierover opgemerkt te hebben "Als heel Amsterdam bij mij binnenkomt, dan ben ik ook binnen."

Omdat ze elkaar zo vaak zagen in de familiekring, elkaar graag mochten en zakelijke inzichten deelden, was nauwe samenwerking voor de hand liggend. Toen in 1887 een mooi pandje vrijkwam aan de Weesperstraat in Amsterdam, sloten ze een vennootschapsovereenkomst. "Mijn zwager was de oudste, en daarom werd de zaak 'Vroom en Dreesmann' genoemd, en niet 'Dreesmann en Vroom'. In 1890 runden de zwagers samen al vijf winkels. De inkoop van Vroom

& Dreesmann groeide zo sterk dat ze eisen gingen stellen aan leveranciers en allerlei tussenhandelaren opzij wisten te schuiven.

"Dat de zaak tot zoo grooten bloei is gebracht, is louter te danken aan het feit dat wij elkaar zoo goed aanvulden en steeds in eensgezindheid met groote energie hebben samengewerkt," beseft Anton Dreesmann. Vijfentwintig jaar later hadden de zwagers vijftien winkels door heel Nederland, die bemand en gefinancierd werden door directe familie: Rotterdam (1892), Den Haag (1893), Nijmegen (1895), Arnhem (1896), Haarlem (1896) en Utrecht (1898). In deze filialen stonden katholieke familieleden aan het roer die door de zwagers zelf werden opgeleid. Als er weer een winkel bij kwam, werd hij vervolgens telkens uitgebreid. Door grote aantallen te verkopen, konden de prijzen laag blijven. En dat trok weer extra publiek en leidde weer tot verbouwingen …

Het assortiment werd uitgebreid met interieurbenodigdheden en er kwamen koffiecorners waar je iets kon drinken en een gebakje eten. Mits je aantoonbaar iets gekocht had, dat wel. De V&D-winkels begonnen langzaam maar zeker op warenhuizen te lijken zoals we die nu kennen.

De filialen werden groter en ingewikkelder. Er was dagelijks een grote ploeg mensen aan het werk om de zaak draaiende te houden, variërend van administrateurs en inkopers tot winkeljuffen. In deze tijd (begin twintigste eeuw) was ons land nog niet zo mobiel. Er voeren nog pakketboten op de rivieren, er waren trammetjes en treinen maar de auto moest nog aan zijn zegetocht beginnen. Reizen was dus een probleem, dat echter eenvoudig werd opgelost. Bij V&D en bij tal van andere grootwinkelbedrijven, ging het personeel intern. Kost en inwoning vonden de medewerkers in de bedrijfsinternaten die vaak op de bovenste etage van de winkel werden gevestigd.

"De zaken marcheerden overal naar wensch, ons personeel breidde zich dan ook gestadig uit. De verhouding tusschen patroons en personeel mocht met recht patriarchaal genoemd worden. Al het personeel was intern, en at met den patroon en zijn vrouw aan tafel, gerangschikt volgens rang en anciënniteit. Het systeem van intern personeel is ook in de buitenzaken nog lang volgehouden, hetgeen zooals begrijpelijk ook groote zorgen en eigenaardige moeilijkheden met zich bracht. Vooral in de buitenhuizen gaf dit in later tijd speciale zorgen, omdat vele ouders, de goede roep op moreel gebied van onze zaken kennende, gaarne hunne dochters en jongere zonen aan ons toevertrouwden. Vanzelf waren wij als gedwongen een vrij streng regime te voeren. Dit werd nu wel vergemakkelijkt door het feit dat het nergens usance was het personeel door de week te laten uitgaan, zoodat alleen op Zondagen hiertoe gelegenheid gegeven werd. Zonder speciaal verlof mocht niemand, ook niet op de Zondagen, van een der maaltijden weg blijven, en 's avonds om tien uur moest iedereen weer binnen zijn. Ieder op zijn beurt moest een Zondag z.g. wacht houden om de deur te openen enz."

VROOM & DREESMANN

VROOM EN
DREESMANN

ROOM EN
REESMANN
ROTTERDAM

Dat gaf natuurlijk gedoe. Via vriendjespolitiek werd van alles geritseld en een later geïntroduceerd automatisch systeem bleek fraudegevoelig. Er was een klok waar een papierstrook uitliep. Kwam je binnen, dan moest je een handtekening plaatsen bij de tijd die op de strook stond afgedrukt. "'s Zondagsavonds was er altijd wel iemand die op een onbewaakt ogenblik de klok even optilde, schuin hield en weer recht terughing. Ha, de klok stond dan prompt stil."

Uiteindelijk waren de typische V&D-romances, die al dan niet uitmondden in een huwelijk, de katholieke familie een doorn in het oog.

"Bijwijze van 'extraatje' werden voor het personeel op Zondagen uitstapjes georganiseerd. Dit is echter nooit een succes geworden, en is men daarmede dan ook al spoedig opgehouden, omdat men tot de conclusie kwam dat men met personeel van beiderlei kunne niet teveel gezamenlijke feestjes moest organiseren."

In 1927 verscheen 'De Practische Huisvrouw'. V&D probeerde klanten te binden door in deze 'catalogus' naast de koopjes ook entertainment en tips te plaatsen. Een spannende feuilleton eindigde iedere uitgave met een heuse 'cliff hanger'. Hoe het verder ging las je de volgende keer. Grappen en puzzels werden afgewisseld met huishoudelijke wenken zoals trucjes om vlekken te verwijderen.

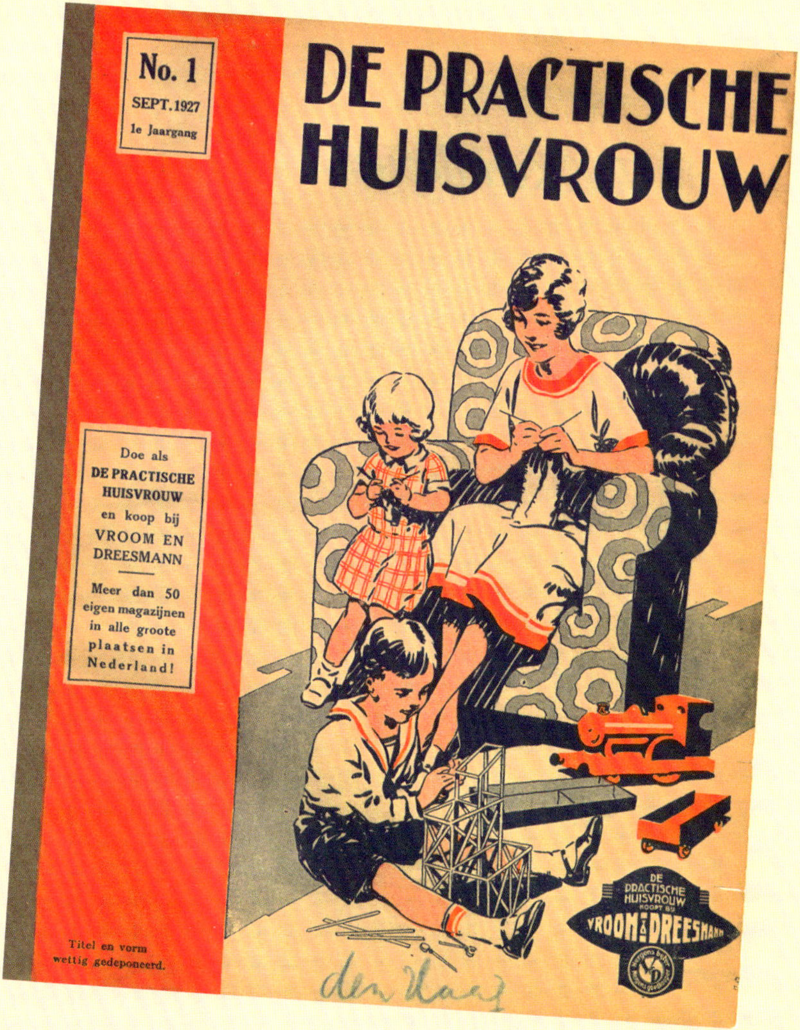
No. 1
SEPT. 1927
1e Jaargang
DE PRACTISCHE
HUISVROUW
Doe als
DE PRACTISCHE
HUISVROUW
en koop bij
VROOM EN
DREESMANN
Meer dan 50
eigen magazijnen
in alle groote
plaatsen in
Nederland!
Titel en vorm
wettig gedeponeerd.
DE PRACTISCHE HUISVROUW KOOPT BIJ
VROOM & DREESMANN

In de jaren twintig van de vorige eeuw stopte V&D maar helemaal met de bedrijfsinternaten. Afgezien van het gedoe werkten er te veel mensen om iedereen onderdak te bieden. Bovendien was ons land gekrompen: afstanden konden gemakkelijker per trein, tram of bus worden overbrugd zodat er wat verder van het werk kon worden gewoond.

Het V&D-imperium begon langzaamaan dynastieke trekjes te krijgen. De stichters stelden overal hun vazallen aan die werden gerekruteerd uit de uitdijende familie. Het netwerk van filialen werd steeds fijnmaziger, in iedere stad zwaaide een zwager, neef of achterneef de scepter. En zoals in de middeleeuwen hele keizerrijken uiteen vielen door het uitdelen van land aan familie, zo bedreigde de uitdijende V&D-familie het voortbestaan van het imperium. Huwelijksrelaties leidden tot verdeling van zakelijke invloed over steeds meer mensen die via aandelenbezit zeggenschap kregen. De macht van het centrale Amsterdamse gezag taande.

Toch zag de familie voorlopig nog geen wolkje aan de lucht. In 1937 kon het vijftigjarige bestaan worden gevierd met vijftig winkels in dertig steden en tienduizend personeelsleden. Het assortiment was zo ruim geworden, dat het bedrijf op geen enkele manier meer deed denken aan het textielbedrijf van weleer. Je kon er meubels kopen, schrijfwaren en speelgoed.

De Tweede Wereldoorlog was vanzelfsprekend een onderbreking. De familie had weliswaar een Duitse oorsprong, maar kreeg geen voorkeursbehandeling en staat niet bekend om nazi-sympathieën. De voorvaderen waren immers zelf Duitsland ontvlucht? Men liet dus de transportpaarden slachten voor ze werden geconfisqueerd. De winkels raakten leeg of werden verwoest. Na de oorlog nam de bezetter alles mee wat los en vast zat.

De naoorlogse periode betekende daardoor ook een kans. Omdat er opnieuw moest worden begonnen, kon ook de bedrijfsstructuur worden aangepakt: meer centralisatie en minder macht bij de neven en nichten. Men begon het grote aantal zelfstandige NV's terug te dringen en tegelijkertijd werd geprofiteerd van de kooplust tijdens de wederopbouw.

Het duurde tot 1974 voor het proces van eenwording van Vroom & Dreesmann werd voltooid door de naamgenoot en kleinzoon van de oprichter Anton Dreesmann. Hij bracht de activiteiten onder in één BV. Onder het bewind van deze durfal werd V&D uitgebouwd tot een multinational (Vendex) met vertakkingen op allerlei terrein (verzekeringen, een uitzendorganisatie).

Anton Dreesmann was net als zijn naamgenoot-grondlegger een visionair man. Hem werd later verweten van veel te veel markten thuis te willen zijn: uitzenden, verzekeren, reizen. Daardoor verwaterde de kernactiviteit van de warenhuisketen.

De Rotterdamse V&D kort voor de Tweede Wereldoorlog.

Hetzelfde warenhuis na het bombardement.

Op de dag dat de nazi's ons land binnenvielen, was het linnengoed in de aanbieding.

Later in de oorlog ging textiel op de bon.

Foto: Schimmelpenningh.

VOOR een zonnebad behoeft men niet altijd een vrijen dag te hebben. Men kan deze weldaad ook genieten tusschen het werk door tijdens het koffieuur. Een Haagsche firma heeft hiertoe het platform op haar gebouw ter beschikking gesteld van haar employé's, die hier nu elken warmen zomerdag een heerlijk uurtje komen zonnen en uitrusten.

Het strand was in de oorlog verboden terrein.

Wie een zonnebad wilde, kon terecht op het dak van de V&D.

Na de oorlog: de eerste kerstverkopen in Den Haag.

Nieuwbouw aan de Rotterdamse Hoogstraat op de plek waar het warenhuis nog steeds gevestigd is. Rechts op de foto de Laurenskerk die het bombardement doorstond.

Maar dat verwijt is niet helemaal terecht. Anton was kind van zijn tijd en gaf daar ook richting aan. Tal van concerns waren net als V&D succesvol met het zoeken van verbreding in nieuwe activiteiten.

Begin jaren zeventig zette Vendex anderhalf miljard gulden om, had 19.000 werknemers, verdeeld over ruim zestig warenhuizen!

De Vendet's zijn een voorbeeld van verbreding zoals Anton die zag. Het waren een soort uitgeklede V&D's voor de toenmalige VINEX-locaties. Dreesmann zag dat zo: "De planning van de overheid is gericht op de uitgroei van talrijke goed gelegen doch elk wat kleinere bevolkingscentra, in een poging te komen tot decentralisatie van de bevolkingstoename." Met andere woorden: de Bijlmer, Capelle aan den IJssel, Zoetermeer ... "Groot in aantal, doch ieder voor zich kleiner van omvang." Maar Dreesmann zag er wel brood in: te klein voor een warenhuis maar een gat dat groot genoeg was voor een nieuwe markt.

De Vendet's waren in het begin erg succesvol. Deze mini-warenhuizen zouden de jonggehuwden volgen op hun pad naar deze 'moderne nieuwbouwwijken'. Vendet kreeg daarvoor een 'moderne house style, die gezien het gebruik op de lange termijn niet te zeer aan mode onderhevig mag zijn.' Met andere woorden: wel een beetje hip, maar niet te hip waardoor het schoonmoeder zou afschrikken.

Kon Dreesmann het helpen dat korte tijd later de oliecrisis roet in het eten gooide? Leuk detail: Anton Dreesmann slokte de firma's op van andere immigrantenfamilies. In 1973 werd Kreymborg overgenomen. Later kwamen ook de Hünkemöller lingeriewinkels bij V&D terecht. (Beiden hadden het vak nog geleerd bij Peek & Cloppenburg ...).

In de loop van de jaren zeventig nam Anton Dreesmann stilletjes ook een groot belang in concurrent de Bijenkorf, die in 1999 zelfs geheel werd overgenomen. Maar toen was prof. dr. Anton Dreesmann als laatste telg uit de V&D-dynastie al teruggetreden.

Wat Anton Dreesmann óók graag had gewild, lukte hem uiteindelijk niet: een beursgang. Dreesmann kreeg het aan de stok met zijn beoogde opvolger Arie van der Zwan over de risicovolle manier van ondernemen die Anton eigen was. Veel van de 'verbreding' was na het aanvankelijke succes toch uitgelopen op verliesgevende activiteiten. Na het koningsdrama tussen hem en het niet-familielid legde Anton Dreesmann eind jaren tachtig de dagelijkse leiding neer. Maar niet dan nadat hij professor Arie van der Zwan had weggewerkt.

In de jaren negentig wordt scheiding tussen concern en familie alsnog definitief met een beursnotering. De familie was daar overigens niet rouwig om, de nazaten konden eindelijk hun aandelen te gelde maken. Tegen het hoogste bod, iets wat nooit had gemogen. In de statuten lag vast dat de aandelen niet buiten de familie mochten worden verkocht. Maar door de beursgang kon er geïncasseerd worden en nam de familie afscheid van de risico's van het internationale zakendoen.

Het is zoals achterkleinkind Wilpert Dreesman het zegt: "De familienaam is inmiddels verdwenen van veel van de gevels van V&D en over tien jaar koppelt niemand het bedrijf meer aan de naam Vroom of Dreesmann." Zo werd de 21ste eeuw bij Vendex ingeluid door een overname door wat we nu 'durfkapitalisten' noemen. Zij kochten vanaf 2004 de meeste aandelen en vanaf midden 2006 heet het bedrijf Maxeda. Een naam die volgens het 'durf-concern' staat voor *"A Passion to Serve. De passie om onze mensen te dienen die op hun beurt onze klanten dienen."* Wat er niet staat is waar het écht om gaat: durf en geld verdienen. Wat dat betreft deden de Vrooms en Dreesmannen niet onder voor deze 21ste eeuwse durfkapitalisten.

De afdelingen ondergoed en sport.

De witgoedafdeling van V&D aan de Van der Takstraat in Rotterdam.

Veranderend modebeeld door de decennia heen …

Iedere foto staat voor een stukje collectief geheugen.

WIJ
WIJ MAKEN VAN
OUD NIEUW
Uw oude das
als nieuw terug
V&D
DIENST

De reparatieafdeling van V&D heeft het druk in de oorlogsjaren. Wolresten worden ingeleverd om ze opnieuw te laten spinnen.

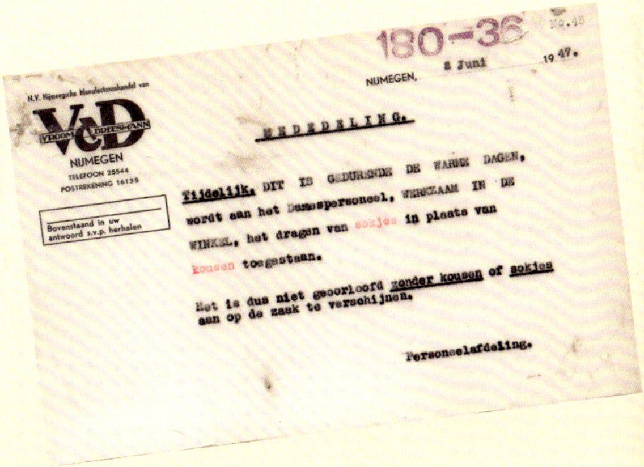

180-36 No.45

NIJMEGEN, 2 Juni 1947.

N.V. Nijmeegsche Manufacturenhandel van
V&D VROOM & DREESMANN
NIJMEGEN
TELEFOON 25544
POSTREKENING 16135

Bovenstaand in uw antwoord s.v.p. herhalen

MEDEDELING.

Tijdelijk, DIT IS GEDURENDE DE WARME DAGEN, wordt aan het Damespersoneel, WERKZAAM IN DE WINKEL, het dragen van sokjes in plaats van kousen toegestaan.

Het is dus niet geoorloofd zonder kousen of sokjes aan op de zaak te verschijnen.

Personeelafdeling.

Peek & Cloppenburg

Het Rotterdam van 1870 kent met P&C ook een goed voorbeeld van gevluchte ondernemende katholieke Duitsers. De vennoten Peek (handelsagent) en Cloppenburg (handelsbediende) gaan samen in manufacturen. De zussen van Cloppenburg verschaften de middelen om de zaak gelijkwaardig aan Peek te kunnen starten. De twee families hebben er daarna altijd voor gezorgd dat zij ieder voor de helft deelnamen in de zaak.

In een razend tempo openden de vennoten hun filialen in de grotere steden van ons land. Confectiekleding werd gemaakt door thuiswerkers, in de winkels zelf trof je ook nog kleermakers aan. Het 'voorproduceren' van standaard maatkleding bleek een groot succes. Binnen tien jaar hadden Peek en Cloppenburg zo'n 140 thuiswerkende kleermakers aan het werk!
Vanaf 1900 keerden de firmanten terug op Duitse bodem: hun zonen openden winkels in Berlijn en Düsseldorf, waar tegenwoordig het hoofdkantoor zetelt. Verder zette het duo een internationaal handelsnetwerk op. Uit alle windstreken werd kleding naar de schappen van de keten aangevoerd. De heren gaven nog allerminst hun naam aan de winkels. Voor het publiek was het niet duidelijk dat ze onderling verbonden waren zodat het mogelijk was om in één stad dezelfde confectie bij verschillende winkels te kopen. Tegen verschillende prijzen, dat ook.

Het mooie van dit verhaal is, dat ook Peek en Cloppenburg leergierig en ambitieus personeel hadden. Hun namen? Franz en Anton Kreymborg en Wilhelm Hunkemöller, wiens vrouw werkzaam was in de winkel van Sinkel …

Het bleef het concern voor de wind gaan met marges van dertig procent, oplopend tot zestig procent tijdens de hamsterjaren tussen 1914 en 1918. Ook de crisisjaren en de Tweede Wereldoorlog hadden geen al te groot effect op de onderneming. Het duo had wat last van oud-werknemer Anton Kreymborg die heftig concurreerde met zijn oude bazen.

Naast felle concurrentie was er ook samenwerking met andere Duitse families zoals Dreesmann en Hoyng. In 1969 kwam het zelfs tot een fusie met Lampe. Tot ver in de jaren tachtig bleven de bedrijven succesvol op het gebied van heren- en damesconfectie. De ommekeer kwam pas in de jaren negentig, toen de bedrijven het contact met jonge consumenten verloren. Wie in dit decennium te veel vertrouwde op vaste klanten, delfde al snel het onderspit. Iets wat meer succesvolle oorspronkelijk Duitse families in die tijd ondervonden.

PEEK & CLOPPENBURG
GEEFT CACHET
Ulsters
fl 20.-
24.-
28.-
34.-
40.-
50.-
60.-
enz.
„Onze Alaska"
Ook naar Maat !

P&C.
Geeft Cachet
ONZE CONFECTIE
Colb. Cost., blauw vanaf 20.-
Colb. Cost., fant. vanaf 18.-
Colb. Gil., zwart vanaf 20.-
Flanellen Pantalons vanaf 4.-
ONZE AFWERKING
PEEK&CLOPPENBURG
MEERKÖTTER

PEEK & CLOPPENBURG
CONFECTION SUR MESURE:
GRANDS MAGASINS.
UITRUSTINGEN VOOR DE INDIËN.
BINNEN EN BUITENLANDSHE PA
EN GROS.
PEEK & CLOPPENBURG.
EN DETAIL.
211. ROTTERDAM. AMSTERDAM. UTRECHT. SHAGE. LEIDEN. 211.
SCHRIJF EN TEEKENBEHOEF
PEEK & CLOPPENB

Persoonlijke service bij Peek & Cloppenburg.

Kreymborg

Ook Anton Kreymborg was op de loop gegaan voor de Pruissische militaire keuringsarts. Net als zijn bazen Peek & Cloppenburg kwam Kreymborg eind negentiende eeuw uit Westfalen. Na bijna twintig jaar in de zaak bij Peek & Cloppenburg was hij opgeklommen tot directieniveau. Via inhoudingen op zijn salaris financierde hij zijn deelneming maar tot aandelenbezit kwam het niet. Hij kreeg ruzie, stapte op en begon voor zichzelf in 1905. Zijn kledingatelier leverde weer toe aan andere Duitse firmanten zoals de Brenninkmeijers van C&A.

Een jaar of tien later begon Anton Kreymborg via eigen winkels zijn confectie direct aan de man te brengen. In 1930 exploiteerde Kreymborg al 34 winkels. Door de goede kwaliteit en redelijke prijzen van zijn kleding, veroverde hij een stevige positie in de portemonnee van de gemiddelde huisvrouw. Die hield Kreymborg veertig jaar vast. Omdat er in de jaren zestig meer concurrentie kwam en de erven Kreymborg onderling gedoe kregen, raakte uiteindelijk toch de klad in de verkoop. De buiten de familie aangezochte directeur had de handen vol met de aandeelhouders zodat er weinig terechtkwam van de broodnodige modernisering van collectie en bedrijf.

Anton Dreesmann maakte er weer wat van en bouwde Kreymborg in de jaren zeventig en tachtig van de vorige eeuw uit tot een gewaardeerd modebedrijf. Toch wist het bedrijf niet mee te veranderen met de smaak van het publiek. In de jaren negentig ging het bergafwaarts en in 2000 viel het doek voor de 61 winkels.

A.KREYMBORG & Co
N.V. J.S. MEUWSEN

Wat het seinlicht is voor den zeeman, dat is KREYMBORG voor kooplustigen: Een ware uitkomst.

Hunkemöller

Ook Wilhelm Hunkemöller komt uit de stal van Peek & Cloppenburg en belandde uiteindelijk in die van V&D. In 1886 begon hij samen met zijn vrouw Josephina Lexis dameskorsetten te maken die we weer terugzien in het versje van de winkel Van Sinkel (waar Josephina Lexis gewerkt heeft en later de korsetten aan leverde).

In die tijd was ons land nog een walvisvarende natie en er zaten dus nog echte walvisbaleinen in het ondergoed. Overigens was dat maar kort. Zielig vonden we de jacht op dit zeezoogdier nog niet, maar walvisbaleinen waren prijzig. Wilhelm Hunkemöller vond een alternatief dat hij patenteerde: hij vervaardigde ze voortaan uit koeienbotten. Dat leverde hem prachtige winsten op totdat het modebeeld veranderde. In het tweede decennium van de twintigste eeuw waren langere baleinen nodig en koeienbotten bleken te kort.

De tegenvaller in de baleinenfabriek werd ruim gecompenseerd door het wegvallen van de importen tijdens de Eerste Wereldoorlog. De Nederlandse vrouw viel massaal terug op fabrikaat van vaderlandse bodem. Met de Vrede van Versailles, die het einde van de importbeperkingen inluidde, kwam de klad in de korsettenhandel. De 'Roaring Twenties' waren voor Hunkemöller veel minder frivool dan je zou verwachten. Met de 'Charleston' kwam de 'boys look' in zwang onder de dansende vrouwen. Zowel letterlijk als figuurlijk verslapte de aandacht voor de taille.

In de jaren dertig bouwden de erven Wilhelm Hunkemöller het succes van de oprichters verder uit. Ze concentreerden zich op hun dertigtal winkels en plaatsten de korsettenfabriek op afstand. Onder neutrale naam produceerden zij nog tientallen jaren voor zichzelf maar ook voor de concurrent.

In mei 1940 brak de Tweede Wereldoorlog uit. In tegenstelling tot wat iedereen zou verwachten, bloeide Hunkemöller nog verder op. Tussen 1940 en1943 werd er enorm gehamsterd, iedereen verwachtte dat het nog heel lang slecht zou gaan. Er is een hardnekkig sprookje dat alle lichte stoffen die de vrouwenhuid verdraagt, werden verwerkt tot valschermen voor de Luftwaffe. Niet waar. Alle filialen bleven gewoon open en pas tegen het einde van de oorlog was de voorraad van Hunkemöller uitgeput. Vanaf dat moment bood het bedrijf zijn klanten aan om van meegebrachte stoffen zoals zonneschermen, post- of meelzakken en (inderdaad) geallieerde parachutezijde korsetten te maken.

De wederopbouw bood net als veel andere bedrijven ook Hunkemöller grote kansen. De directie zag haarscherp in dat in de nieuwe winkelcentra die overal werden gebouwd, goede zaken konden worden gedaan. Zo vestigde de keten een stevige positie binnen het winkelaanbod op deze goede plekken.

Hunkemöller Lexis CORSETS
Hunkemöller Lexis
CORSETTEN

2,95
5,95
5,95
4,95
5,95

nkemolle
steps
de jager
HEMA

Sommige winkelbedrijven schrijven na honderd jaar nog steeds geschiedenis. Deze dame op megaformaat sierde de gevel van de Hunkemöllervestiging in Utrecht. De plaatselijke gemeenteraadsfractie van de Christen Unie tekende bezwaar aan waarna er wekenlang een discussie werd gevoerd in de media over 'bloot in de publieke ruimte'. De suggestie om de dame opnieuw te fotograferen, maar dan gehuld in een Burka, ontlokte bij de lingerieketen een glimlach: "ook bruikbaar in ons filiaal in Riyad!
Wie weet ..."

In de jaren zestig herhaalde de geschiedenis uit de jaren twintig zich. Dolle Mina's verklaarden de oorlog aan de beha. De feminisitische beweging hulde zich in lange gewaden waarin geen vrouwelijke vorm viel te ontdekken. Hunkemöller reageerde op de tegenslag door ook bovenkleding te gaan verkopen. De combinatie van onder- en bovenkleding bleek geen succes. Uiteindelijk dreef het gebrek aan belangstelling voor wat de vrouw onder haar 'hobbezak' droeg de familie Hunkemöller in de armen van V&D.

Hoewel de Nederlandse vrouw nog steeds niet zo veel geld uitgeeft aan jarretelles, slips en beha's (ze koopt 1,7 beha per jaar) ging het onder de vleugels van Anton Dreessmann weer bergopwaarts. Naar het schijnt heeft popster Madonna en de opkomst van de videoclip het gedachtegoed van de Dolle Mina's definitief naar het zijtoneel verbannen.

De tv deed de rest. Programma's als 'Dallas' en 'Dynastie' toonden Amerikaanse slaapkamers van binnen plus – op hoofdlijnen – wat zich daar afspeelde. En wie nu op de sportschool naar een muziekzender kijkt, begrijpt meteen waarom het weer zo goed gaat met Hunkemöller. Zoals het bedrijf zelf zegt, heeft ook die sportieve vrijetijdsbesteding zelf bijgedragen aan de *come back* van het damesondergoed. Niet alleen wil je ook in de kleedruimte behoorlijk voor de dag komen, er is tegelijk veel meer aandacht voor ons uiterlijk.

Alle Dolle Mina's ten spijt: de afgelopen twintig jaar stegen de uitgaven aan ondergoed met wel vijftig procent! Nu is het bedrijf marktleider met damesondergoed dat alles bij elkaar ieder jaar zo'n tweehonderd miljoen euro opbrengt. Ook ziet Hunkemöller dat mannen nu vaker lingerie voor hun vriendinnen kopen dan vroeger. "De ontwerpen lenen zich er natuurlijk ook beter voor," vindt het bedrijf. De vroegere ontwerpen van lingerie waren natuurlijk niet echt heel spannend, eerder functioneel. Leuk werd het pas in de jaren tachtig, toen verdween ook zachtjes aan het taboe op het kopen van lingerie door mannen. Voor wie niet durft biedt internet tegenwoordig uitkomst.

"We hebben op de website een speciale ruimte gereserveerd voor mannen: Men Only. Dit deel wordt veel door mannen bezocht en blijkt een succes. De mannen die de drempel in de winkel nu toch iets te hoog vinden kunnen nu dus makkelijk vanuit de luie stoel bestellen via het internet."

In 1989 – het jaar van de Muur – keerde het bedrijf met filialen terug naar de Heimat. Het is opvallend dat bijna alle Duitse retail-immigranten dat op den duur doen. Hoewel, misschien hoort het gewoon bij de europeanisering van afgelopen jaren. Ook de Belgen dragen sinds de jaren tachtig Hunkemöller. De binnengrenzen vervaagden in de jaren negentig nog verder met het Verdrag van Maastricht zodat nu ook Deense en Franse dames het van origine Westfaalse linnen om de billen dragen.

Een kolonie van Duitsers

Hoe kwam het toch dat het vooral Duitsers waren die stormenderhand de detailhandel veroverden? Er is onderzoek gedaan naar de immigratie van Duitsers en hun reilen en zeilen in ons land door historica Marlou Schover. Zij denkt dat het voor een deel komt door 'klitgedrag'. Soort zoekt soort is misschien wel een beladen uitdrukking, maar gaat hier wel op. Men kende elkaar vanuit de streek van herkomst en hielp elkaar verder in den vreemde.

Kleine en grote winkeliers gaven kost en inwoning aan streekgenoten. Men kwam via een aanbeveling of via familie binnen, begon hard te werken en met slapen onder de toonbank of op het bedrijfsinternaat van de grotere firma's. Wie getalenteerd was kreeg hulp van de winkelier bij het leren van de kneepjes van het vak. Als tegenprestatie namen immigranten genoegen met een bescheiden salaris.

De echte getalenteerden gingen zelf in zaken. Soms bij een bestaande winkel, maar vaak startten ze een eigen onderneming. Dat ging zeker niet altijd gepaard met verstoorde verhoudingen, sterker nog, vaak kregen de starters (financiële) hulp. Een nieuwe winkel betekende ook weer afzetmogelijkheden van een bestaand atelier. Via onderlinge huwelijken bleef de groep immigranten bij elkaar en bouwde steeds meer bestaansmogelijkheden op.

Wel riepen deze Duitse praktijken weerstand op buiten de groep. Nederlanders reageerden steeds nerveuzer op het groeiende succes van de Duitse families. Dat kwam tot uiting bij de ontwikkeling van de Bijenkorf tot warenhuis.

Magazijn de Bijenkorf

De Joodse ondernemer Simon Philip Goudsmit begon in 1870 een dertien-in-een-dozijn fourniturenzaakje in Amsterdam. Je kon er terecht voor knopen, zoom, band en zijde. Tot aan zijn dood in 1889 wees niets er op dat zijn nering zou uitgroeien tot de meest prestigieuze warenhuisketen van ons land die op zijn honderdste verjaardag het predikaat 'koninklijk' zou krijgen.

Het Magazijn werd voortgezet door de weduwe Goudsmit en een neef. Vooral deze Arthur Isaac wist van de Bijenkorf een goedlopende damesconfectiezaak te maken. Hij begon de naastliggende panden op te kopen en verbond ze met elkaar met doorgangen, trapjes en opstapjes. Al snel liep de Bijenkorf tegen de grenzen van de groeimogelijkheden aan en dreigde te verzanden in een chaotische winkelvoering. Isaac besloot de panden te slopen en een nieuw gebouw neer te zetten. Naast de Beurs van Berlage lag nog een terreintje braak waar hij een noodwinkel mocht inrichten (1909). Het liep storm. De omzet verdubbelde en de tweehonderd medewerkers hadden hun handen vol om de toeloop in goede banen te leiden. De uit nood geboren tussenoplossing bleek een toplocatie. Het Centraal Station lag dichtbij en ook de lijndiensten over het water meerden dichtbij aan. Op deze plek kwam dus een veelvoud aan bezoekers van wat normaal is in een stadswijk. De oorspronkelijke nieuwbouwplannen werden snel herzien.

Arthur Isaac ondervond min of meer toevallig aan den lijve wat een Duitse ondernemer al lang wist. Leonard Tiez had op precies dezelfde plek om dezelfde redenen geprobeerd om in 1903 een warenhuis te stichten. Deze Duitse ondernemer was niet geëmigreerd naar Nederland, maar had wel interesse in expansie in ons land. In Duitsland had hij veel succes met een keten van warenhuizen in de stijl van de twintigste eeuw: kolossale Jugendstilpaleizen. Zoiets wilde hij ook in Amsterdam en hij zette architect Berlage aan het werk.

De inkt van de schets was nog niet droog of er brak een heftig oproer uit onder de lokale Amsterdamse middenstand. De concurrentie van de Duitsers werd inmiddels gevreesd en het warenhuis van Tietz was niet welkom. De gemeenteraad van Amsterdam steunde de verontruste winkeliers en Tietz kreeg geen vergunning.

Intussen was ook de zoon van wijlen Goudsmit toegetreden tot de zaak van zijn moeder en zijn oom. Arthur Isaac en Albert Goudsmit wilden de noodlocatie uitbouwen en ook zij startten onderhandelingen met de gemeente. Omdat de Bijenkorf een 'gewone' Amsterdamse winkel was, riepen de plannen geen verzet op. Alles beter dan een Duits warenhuis, moet men gedacht hebben. Niet wetende dat Isaac en Goudsmit in stilte overleg hadden met Tietz over de financiering van de plannen. Dat moest wel omdat de investeringsbereidheid van de Nederlandse banken in vernieuwende winkelinitiatieven bijzonder klein was.

Scheerartikelen, parfumerie en pantoffels.

Bijenkorf-verkoopsters maken zich op voor een drukke dag.

96.
1050

De Bijenkorf, leveranciersafdeling.

Keukenpersoneel van de Bijenkorf vult de peper en zoutvaatjes.

Isaac en Goudsmit speelden een ragfijn spel. In 1910 werd de grond aan het Damrak verworven en korte tijd later ging de wethouder 'om' en werd er een bouwvergunning verleend. Zijn soepele houding werd later mogelijk nog beloond met een positie als president-commissaris bij de NV Magazijn de Bijenkorf. Maar dat zou ook toeval kunnen zijn. Verder was het ondernemersduo in het buitenland op zoek naar kapitaal. De firma Tietz wilde dat wel verstrekken, mits de plannen voor een modehuis werden aangepast in de richting van een heus warenhuis.
Het zakeninstinct van de Joodse ondernemers won het snel van het gebruikelijke traditionele denken binnen een familiebedrijf. Ze stapten in het avontuur om het eerste echte warenhuis in Nederland te ontwikkelen. Met buitenlandse kennis, kapitaal en zeggenschap. En Amsterdam kreeg na tien jaar toch waar het niet om gevraagd had: een door Duitsers geïnspireerd warenhuis op een toplocatie.

In 1914 ging de Bijenkorf gedeeltelijk open. De Eerste Wereldoorlog vertraagde de afbouw van het paleisachtige warenhuis. Toch werd langzaam maar zeker voor iedereen zichtbaar dat Nederland bij de modernisering van het winkelaanbod heel zwaar leunde op buitenlandse ideeën. Het gebouw van de Bijenkorf leek erg veel op de Duitse Tietz-warenhuizen.

Na de opening stroomde Duits kader toe. Op alle niveaus brachten de Duitsers kennis en vaardigheden in van het moderne warenhuismanagement. De directie werd, naast Isaac en Goudsmit, versterkt met Leo Meyer die uit de Antwerpse vestiging van Tietz afkomst was. Alfred Tietz werd zelf commissaris.

Waar de meeste Duitse ondernemingen uit die tijd vooral succes hadden met goede kwaliteit tegen lage prijzen (weinig marge,veel omzet), daar volgde de Bijenkorf een heel ander strategie. Al snel na de start zocht het warenhuis de exclusiviteit waar het nog steeds voor staat. In plaats van trends te volgen, ging de Bijenkorf de trend bepàlen. Het Magazijn probeerde klanten weg te lokken bij de exclusieve modehuizen van toen: Metz, Hirsch en Maison de Bonneterie. Het ging daarbij niet om betere prijzen of kwaliteit, maar door iets van waarde toe te voegen uit onverwachte hoek: kunst, cultuur. Arthur Isaac was kunstliefhebber en organiseerde in het warenhuis exposities met schilders van naam. Charley Toorop is, achteraf bezien, misschien wel de bekendste. Ook op het gebied van muziek en literatuur zorgde de Bijenkorf voor verstrooiing op niveau. De aanpak werkte, het warenhuis bepaalde wat mode werd en de *beau monde* frequenteerde de stijlvolle evenementen waar de dames er lustig op loskochten. In 1927 volgde Den Haag met een eigen Bijenkorfvestiging, in 1930 Rotterdam. Er werd veel aandacht besteed aan architectuur en aankleding. Het Rotterdamse filiaal kwam van de tekentafel van de vermaarde architect Dudok, maar bleef helaas nog geen tien jaar overeind. Het gebouw aan de Coolsingel sneuvelde grotendeels tijdens die andere Duitse 'immigratiegolf' in mei 1940.

HET DAMRAK TE AMSTERDAM MET HULPGEBOUW VAN DE BIJENKORF.
STEEDS HET NIEUWSTE OP HET GEBIED VAN DAMESMODE EN CONFECTIE.
KWALITEIT GOED. SORTEERING GROOT. PRIJS BILLIJK.
AMSTERDAM.
MAGAZIJN DE BIJENKORF.
DAMRAK.

HET IN AANBOUW ZIJNDE MAGAZIJN DE BIJENKORF, DAMRAK, AMSTERDAM
STEEDS HET NIEUWSTE OP HET GEBIED VAN DAMESMODE EN CONFECTIE.
KWALITEIT GOED. SORTEERING GROOT. PRIJS BILLIJK.
AMSTERDAM.
MAGAZIJN DE BIJENKORF.
DAMRAK.

Bijenkorf Rotterdam voor de Tweede Wereldoorlog.

De succesvolle oriëntatie op de welgestelde burger hield natuurlijk ook een groot risico in. Er zijn nu eenmaal niet zo heel veel welgestelden en wat te doen als ze wegblijven? De directie van de Bijenkorf zocht naar mogelijkheden om ook de markt van de grote massa aan te boren. Niet via de Bijenkorf, uiteraard, want als de gewone huisvrouw binnenkwam, dan bleef de welgestelde dame welzeker weg.

In 1926 startte de Bijenkorf de Hollandse Eenheidsprijzen Maatschappij Amsterdam – ook al naar buitenlands voorbeeld. Alle spullen voor dagelijks gebruik kostten hetzelfde kleine bedrag. Zeker toen twee jaar later de grote crisis van de jaren dertig aanbrak, bleek dit een gouden greep die de Bijenkorf door moeilijke jaren loodste.

En toen kwam de oorlog. Niet geheel als verrassing. Via de Duitse connecties was men uiteraard goed op de hoogte van wat zich in het Derde Rijk afspeelde en dat was weinig subtiel. Bij de warenhuizen van Tietz hingen de nazi's in 1933 al borden op met 'kauft nicht bei Juden'.

Vanwege de Joodse achtergrond van de directie (en veel van het personeel) werd een voorschot genomen op eventualiteiten. De toekomst in Europa was allerminst zeker en de bedrijfsleiding was voorbereid; de van Tietz afkomstige directeur Leo Meyer emigreerde al in 1939 naar Amerika en toen de Duitsers Nederland binnenvielen, was het geld uit het zicht verdwenen. Spoedig daarna volgden ook de Joodse directieleden. Goudsmit vluchtte met een gekochte vissersboot naar Engeland; de Isaacs doken onder of vluchtten naar Zwitserland. Tijdens de bezetting werd een derde van het personeel ontslagen vanwege de Duitse rassenwetten; ruim zevenhonderd overleefden de bezetting niet. In 1943 ontsloeg Rijkscommissaris Arthur Seyss-Inquart ook de overgebleven directieleden en stelde enkele NSB-werknemers aan als directeur …

Na de oorlog keerden slechts enkele van de vooral Joodse medewerkers terug, het bedrijf werd gezuiverd van verraders en wat overbleef was een zeer mager personeelsbestand. Toch was, net als in alle andere branches, de uitgangssituatie niet slecht. Het publiek stroomde toe en wilde kopen, het probleem zat hem er vooral in om aan voldoende voorraden te komen. De Bijenkorf slaagde daar goed in en het oude imago trok opnieuw de welgestelde burger aan. Het exclusieve karakter van de Bijenkorf hield in tegenstelling tot Vroom & Dreesmann het aantal filialen beperkt. Al met al slaagde het warenhuis er wel in om de modetrends in ons land blijvend te bepalen. Gehaaide marketing via themaweken en exposities had grote invloed op ons kleed- en eetgedrag.

Uiteindelijk kwam ook de chique Bijenkorf – net als alle andere grootwinkelbedrijven – flink in de problemen. In de jaren zestig leidde een zakelijkere aanpak tot een flinke reorganisatie. Er kwam een centrale leiding en ook stafonderdelen zoals inkoop werden van daaruit aangestuurd. Het leidde tot gedoe aan de top en onrust op de werkvloer. Er gingen banen verloren en de manier van werken veranderde flink. Bazen waren minder zichtbaar omdat ze niet langer kantoor hielden in het warenhuis zelf, maar verkastten naar peperdure huisvesting in Buitenveldert. De werkdruk voor de 'gewone medewerker' nam door de personele krimp flink toe.

Intussen keken de directeuren (de oorspronkelijke families Goudsmit en Isaac waren inmiddels van het toneel verdwenen) misschien iets te veel naar de wonderdoctor van V&D. De sinds 1970 Koninklijk geworden Bijenkorf ging 'diversificeren'. De NV Koninklijke Bijenkorf Beheer (KBB) richtte 'weidewinkels' op naar buitenlands concept (Maxis) waar de Nederlander beslist géén boodschappen wilde doen. Ook Perrysport sloeg niet aan en de introductie van de Multi-Copy kwam zeker twintig jaar te vroeg. De pc moest nog worden uitgevonden en op iedere school had je nog een stencilapparaat. Het geld ging met scheppen tegelijk naar buiten en dat leidde tot grote problemen toen eind jaren zeventig de rente steeg ...

Begin jaren tachtig liep iedereen rond met buttons op zijn legerjasje. De Bijenkorf voelde deze trend haarfijn aan en begon een 'aksie'. Talloze deftige dames, maar ook artiesten, tooiden zich met een grote witte button met het Bijenkorf-logo en de tekst 'De Bijenkorf moet blijven'. Publieke verontwaardiging, een loonoffer van het personeel en de aandelensteun van inspirator Anton Dreesmann behoedde

de Bijenkorf voor de ondergang.
Helemaal fit is de Bijenkorf overigens nooit meer geworden. Het leunde zwaar op het succes van de HEMA en het lukte niet om met alle stijgende (arbeids-)kosten de Bijenkorf winstgevend te houden. Toen in de jaren negentig ook de HEMA begon te kwakkelen werd er uitgekeken naar een sterke partner. Weer kwam Vroom & Dreesmann in beeld, maar dat vonden enkele aandeelhouders wel erg ordinair. Uiteindelijk ontstond er in 1999 een soort eilandenrijk waarin de Bijenkorf een status aparte kreeg: Vendex-KBB.

En hoe het verder afliep weten we. De onderneming opereert onder een nieuwe naam die veel lijkt op die van de opgedoekte Maxis. Het credo is *"a passion to serve"* en de aandelen van Maxeda zijn in handen van buitenlandse geldschieters.

Tekening van de ontruiming van de Bijenkorf in Amsterdam: de oorlog staat voor de deur ...

Reclameposter voor de speelgoedafdeling van de Bijenkorf.

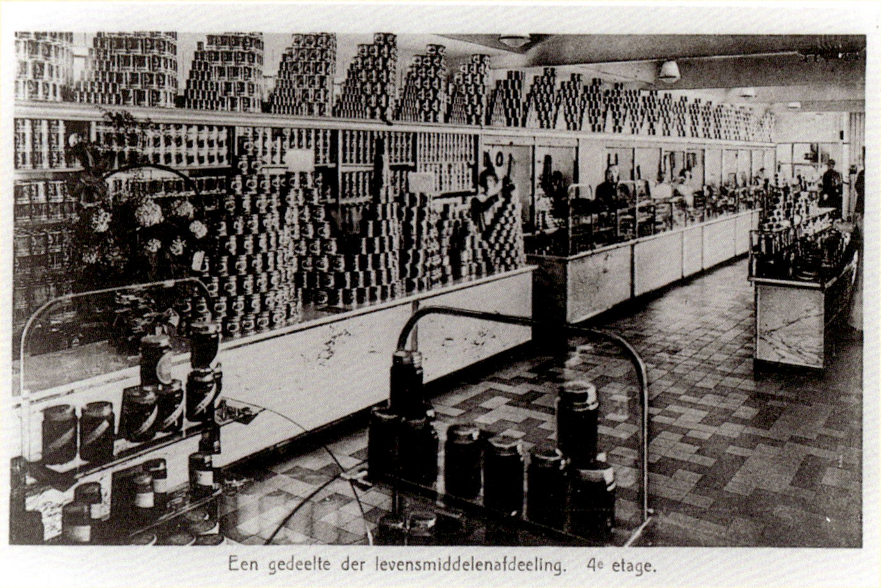

Bijenkorf Den Haag, 4e etage, levensmiddelen.

Daktuin van de Haagse Bijenkorf. Hier kon men iets gebruiken …

Gerzon

Een begrip bij de beter gesitueerden. De Groningse Joodse slagersfamilie Gerzon moest na het overlijden van de vader de tering naar de nering zetten. De zoons gingen in de leer bij textielhandelaren in Duitsland. Een maal terug in Nederland, verbaasden zij zich over de achterstand op detailhandelsgebied en begonnen een manufacturenwinkel in Amsterdam (1889). Met hun kennis en handelsnetwerk bouwden zij in korte tijd een winkelbestand uit dat steeds verder opschoof van 'volks' naar 'welgesteld'.

In 1912 schreef het Algemeen Dagblad "'t Is alles luxe en weelde en rondwandelende waant men zich op een modetentoonstelling" over het nieuwe filiaal aan de Kalverstraat in Amsterdam. Decennialang kleedde Gerzon vele dames uit gegoede kringen. De Tweede Wereldoorlog betekende een keerpunt. Veel familieleden en werknemers werden het slachtoffer van de Holocaust. Na de oorlog werd de draad opgepikt en de overlevende familieleden bouwden het bedrijf weer op, maar in 1955 werden bedrijfsdirecteuren van buitenaf aangesteld. De familie, die nu deels in Amerika verblijft, werd aandeelhouder in een door anderen gerund bedrijf.

Uiteindelijk werden de aandelen in het tanende bedrijf verkocht aan iemand die vooral geinteresseerd was in het onroerend goed van de keten. Eén voor één werden Gerzon-vestigingen gesloten waarna de panden te gelde werden gemaakt. Uiteindelijk ging Gerzon in 1973 na een mislukte reddingspoging failliet.

Gerzon.

Maison de Bonneterie

In 1889 begon het echtpaar Cohen-Wittgenstein een textielwinkel in Amsterdam. Deze Joods-Duitse familie kwam net als veel andere textielondernemers uit Westfalen. Joseph Cohen bleef aanvankelijk zijn beroep als vertegenwoordiger uitoefenen, terwijl zijn vrouw Rosa de winkel dreef. Er werd voornamelijk breiwerk verkocht, wat leidde tot de naam 'Maison de Bonneterie'.

De 'Bonneterie' mat zich een chique Frans imago aan met Louvre-achtige interieurs in Louis XVI-stijl. Het modehuis was welliswaar chique, maar verkocht toch voornamelijk confectie-mode die de klant pas werd gemaakt. Maison de Bonneterie bediende hiermee niet de absolute top-elite, maar kreeg in welgestelde kringen wel naam als bescheiden kwaliteitswinkel. De familie Cohen koos niet voor een groot filiaalbestand, maar reisde door het land en organiseerde vanuit hotels de verkoop aan lokale notabelen.

De familie Cohen leed zwaar onder de Duitse bezetting tussen 1940 en 1945. Nazaten, toevallig op handelsreis in de VS, bleven daar ook na de oorlog en veranderden hun naam. Verre familie zette met andere Joodse overlevenden het luxe bedrijf voort.

In tegenstelling tot veel andere 'oude' namen in modeland, wist Maison de Bonneterie succesvol te moderniseren en tegelijkertijd haar chique imago te behouden.

OPRUIMING
Maison de Bonneterie
HOFLEVERANCIER
AMSTERDAM
DEN HAAG
1931

Hoek Kalverstraat - Rokin, Amsterdam.

MAISON DE BONNETERIE

Modeshow.

He

HEMA

Het meest volkse kind van de Bijenkorf-peetvaders Goudsmid, Isaac en Meyer was ook het meest succesvolle. Omdat het chique Bijenkorfbedrijf een stevige basis zocht in de massa, opende het hiervoor een speciale winkel. Op 4 november 1926 werd de eerste winkel van de Hollandsche Eenheidsprijzen Maatschappij Amsterdam geopend (HEMA). Na de Kalverstraat volgde binnen een paar dagen een tweede winkel in de Oude Hoogstraat. De formule was geïnspireerd op de Amerikaanse Nickle & Dime stores, waar met vaste prijzen een enorme concurrentie werd aangegaan met de gevestigde orde. Bij de HEMA vond je allerlei veelgevraagde gebruiksgoederen tegen eenheidsprijzen van 25 of 50 cent.

De HEMA was zich bewust van de potentiële kracht van de formule. De opening werd aangekondigd als 'een groote ommekeer in den detailhandel ... deze winkels voorzien in een groote behoefte ... vooral voor gezinnen met een beperkt inkomen.' Toen na twee jaar door de Wallstreetcrash de wereldhandel in een diepe crisis stortte, werden de HEMA winkels zeer populair onder de verarmde bevolking.

Er was een duidelijke strategie uitgestippeld. De directie mikte op tien filialen in de grote steden en de kosten werden zo laag mogelijk gehouden. Weinig personeel noopte de bezoekers tot zelfredzaamheid zodat er een vorm van zelfbediening ontstond. Verder waren de winkels sober ingericht, in schril contrast met de Bijenkorf. De welgestelden lieten zich in de HEMA niet zien of stuurden stiekem het personeel om een voordeeltje.

Fouten werden er ook gemaakt: de Kalverstraat bleek te chique en de verkoop tegen eenheidsprijzen erg ingewikkeld. Soms verdiende het bedrijf iets aan de massaal geproduceerde en ingekochte goederen. Maar soms kwam het niet uit. De oplossing was simpel: werd er verlies geleden op een pan, dan werd deze los van het deksel verkocht en moest je die apart kopen.

Volgens retailonderzoekers heeft de HEMA ongelooflijk veel bijgedragen aan de democratisering van de welvaart. Door de low-cost benadering en de massaliteit van de inkoop werden tal van producten bereikbaar voor de kleine man. Dat varieerde van gebruiksgoederen tot eenvoudige sieraden en het 'buiten de deur eten'. De lunchroom van de HEMA is tot op de dag van vandaag een aantrekkelijk geprijsde plek om iets lekkers te eten. Verjaardagsgebak en de fameuze rookworsten waren en zijn voor velen de franje aan het kleed van het dagelijkse bestaan.

Toch zijn het niet alleen de lage prijzen die de HEMA succesvol gemaakt hebben. Wat zeker zo belangrijk was, is het grote kwaliteitsbewustzijn. Wat van HEMA is, is goed. Zo kon het gebeuren dat de HEMA-rookworst uitgroeide tot cultureel erfgoed. De worst is bezongen en heeft een heuse belangenvereniging die de continuïteit van de kwaliteit bewaakt.

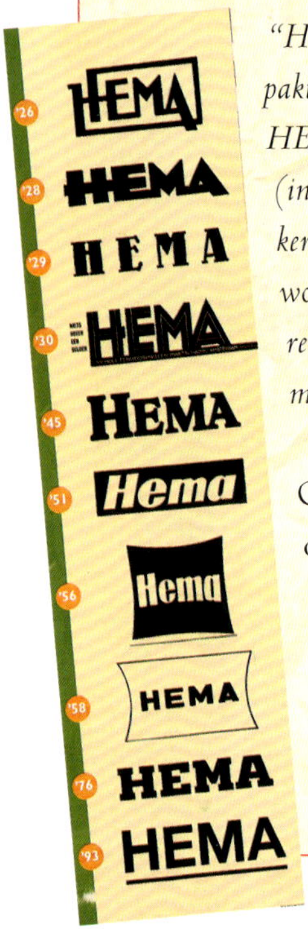

"Het Rookworst geno(o)tschap heeft ten doel de HEMA-rookworst (alleen de onverpakte verse) te promoten en kritiek op deze worst direct en afdoende te bestrijden. De HEMA-rookworst zal in zeer regelmatige tijdspannen worden onderzocht en getest (in een zich daartoe eigenende sfeervolle ambiance) teneinde zodoende de worstmakers van de HEMA scherp te houden. Aangezien dit gremium niet de beroerdste is, worden, ons ter preuvenement aangeboden worsten van andere fabricaat streng doch rechtvaardig onderzocht en van een deugdelijk rapport voorzien. Dit alles ter eer, meerdere glorie en instandhouding van een prachtig stukje Hollandse eetcultuur."

Op internet voert het genootschap actie voor de terugkeer van het originele 'loodje' aan de rookworst

"De HEMA heeft al jaren geleden in een vlaag van misplaatste vernieuwingsdrang besloten om het loodje te vervangen door een plastieken leebeltje. Het Geno(o)tschap heeft tegen de HEMA al meerdere malen zijn afschuw hierover uitgesproken."

Ten slotte blijkt de HEMA een onverwachte inspiratiebron voor klassenbewuste dichters:

De Hemaworst

Ik mocht nooit naar de Hema, we waren thuis te sjiek
M'n ouders lachten voor en na, om 't armoedige publiek
Het heeft me vaak gespeten dat 'k niet naar de Hema mocht
Maar al knaagde m'n geweten, ik deed 't lekker toch

Dan kocht ik bij de Hema dat hemelse gerecht
Zo'n warm en sappig worstje, al vond moeder dat ook slecht

Hans Dorrestijn

De lunchroom van de HEMA democratiseerde het 'buiten de deur eten'.

De Hollandsche Eenheidsprijzen Maatschappij Amsterdam hanteerde twee prijzen: 25 of 50 cent.

Nougat, potten of pannen, alles 25 of 50 cent.

De eerste filialen die de HEMA opende, konden zich verheugen in een grote publieke belangstelling.

GEOPEND

Perry, Van der Kar en Sporthuis Centrum

Perry & Co was al een bekende winkel in de negentiende eeuw met een assortiment dat zich richtte naar Amerikaans voorbeeld. *The English American Warehouse Perry & Co* opende in 1866 zijn deuren en je kon er terecht voor sport en veldartikelen. De winkel vond bestaansrecht in de opkomst van sport als vrijetijdsbesteding, uitaard een *upperclass* aangelegenheid.

Perry introduceerde nieuwe producten en bezigheden. Naar eigen zeggen introduceerde Perry in de jaren twintig van de vorige eeuw tennis in ons land. Een tennisbal werd een Perrybal genoemd omdat het de enige winkel was waar je zo'n ding kon kopen. Pas jaren later werd de Perrybal tennisbal genoemd.

Maar Perry heeft meer op zijn naam staan. Perry introduceerde ping-pong, trictrac, mah-jong en de gummi-regenjas. De winkel hielp vervolgens vooroorlogs Nederland aan het in Amerika en Engeland razend populaire spel Monopoly. Al in 1936 kon je voor vier-en-een-halve gulden een Engels bordspel kopen met een Nederlandse handleiding die ondertekend was met de initialen FLV. Volgens zijn nazaten is dit F.L. Verster, directeur van Perry, die later ook de Nederlandse straatnamen bedacht. Hierover wordt door verzamelaars overigens tot op de dag van vandaag druk gespeculeerd.

Na de Tweede Wereldoorlog nam het aanbod van sportzaken toe en raakte Perry wat gedateerd. In Amsterdam startte de Joodse ondernemer en sportman Leo van der Kar een zaakje waar hij begon met het maken van sportbroekjes. Je moest wel zelf voor de stof zorgen. Gelukkig groeide zijn assortiment snel, sportrelaties hielpen hem aan materialen en namen die ook af.

Juist toen Van der Kar in 1958 plannen maakte om filialen te vestigen, kwam Perry op bezoek. Hij kon de verouderde Perry-sportzaken overnemen, maar aarzelde. Door een contact met de eveneens Joodse Bijenkorfdirectie ontstond er opeens een nieuwe situatie. De Bijenkorf verschafte kapitaal en werd de nieuwe eigenaar van Perry met Van der Kar als directeur. De Perry van der Karwinkels profiteerden van de toenemende vrije tijd en de opkomst van de welvaartsstaat. Door kampeer- en tuinartikelen aan het assortiment toe te voegen, werd de keten redelijk succesvol.

Ondertussen zagen meer ondernemers het steeds groter wordende gat in de vrijetijdsmarkt. In Rotterdam opende ondernemer Piet Derksen op de Lijnbaan zijn Sporthuis Centrum. Stukje bij beetje bouwde hij een vrijetijdsimperium op dat begon met kampeerartikelen, een tentenfabriek, een kampeerterrein in Limburg en ten slotte eindigde in een keten van bungalowparken.

Uiteindelijk verkocht Derksen in 1978 zijn winkels aan Perry van der Kar en ging verder met zijn huisjes (waar hij zelf ook in ging wonen). Een gouden

ENGLISH &
PERRY Co
AMERICAN
WAREHOUSE.
PERRY & Co
97
PERRY.Co
PERRY.Co

greep. Hij werd multimiljonair en weldoener uit geloofsovertuiging. Totdat zijn kinderen nog voor zijn dood hun erfdeel opeisten en er een einde kwam aan de goede werken en verkeerde bedoelingen van sommige 'gelovigen'.

Perry Sport was na de integratie met Sporthuis Centrum een wisselend succes en ging uiteindelijk met de Bijenkorf-boedel over in de handen van Anton Dreesmann. Je kunt er nog steeds terecht, er zijn 41 Perry Sport winkels.

En de Nederlanders?

Als je in grote lijnen de winkelgeschiedenis van de laatste 150 jaar bekijkt, dan lijkt het wel of alle vernieuwing werd gedomineerd door Duitse en Joodse ondernemers. Aan de ene kant is er die onmiskenbare trend. Aan de andere kant: hoe 'buitenlands' zijn deze ondernemende families eigenlijk? Ze woonden vaak al generaties lang in ons land en voelden zich ook Nederlander. Alleen de oorsprong van de ontwikkeling kwam van elders.

En er zijn meer dingen waarvan we dénken dat ze typisch Nederlands zijn, maar die meegebracht zijn door immigranten. Diamantslijpen is rond 1500 ontwikkeld in Vlaanderen en kwam pas honderd jaar later met gevluchte handwerkslieden mee naar Amsterdam dat er vervolgens naam mee maakte. Ook de tulp komt niet uit Lisse of Sassenheim, maar uit Turkije. En over niet al te lange tijd beschouwen we het broodje shoarma als een typisch Nederlandse lekkernij – zo gaat dat nu eenmaal.

Misschien is het wel typisch Nederlands dat we een neus hebben voor die ontwikkelingen die iets positiefs betekenen voor onszelf.

Toch zijn er ook typisch Nederlandse ontwikkelingen geweest (voor zover je daar dus van kunt spreken), die treffen we vooral aan in Kruideniersland. Kennelijk is naast 'polderen' ook 'kruidenieren' een vast bestanddeel van onze nationale identiteit.

Een dropje voor 1 cent, een spekkie voor een stuiver.

De dagelijkse boodschapjes

Wie nu boodschappen doet, verricht alle handelingen zelf. Er is zelfs een trend ontstaan van onbemande kassa's, waar je zelf de producten scant en afrekent. Dat was één generatie geleden nog wel even anders!

De kruidenier is heel lang letterlijk een bijzaak geweest. Kleine winkeltjes, vaak in de buurt van de markt of in de straten er naar toe waarin de vrouw des huizes een kleine nering had. Haar man werkte elders en met de winkel werd het inkomen aangevuld. Je kon er terecht voor zeep, specerijen, koffie, thee, azijn, soda en al dat andere wat je nog aan opschriften op nostalgische rekjes vindt.

Begin twintigste eeuw werd de kruidenier wat professioneler. De eerste voorverpakte artikelen verschenen in het schap en vooruitstrevende kruideniers begonnen de winkel in te richten met etalages, toonbanken en betere verlichting. De kruidenier heeft een vaste klantenkring en weet wat zijn klanten willen. Vaak zet hij afgemeten porties al apart om ze tevoorschijn te toveren als de klant in kwestie in de zaak verschijnt.

Vooruitstrevende winkeliers richtten hun winkel in met een toonbank, schappen met voorverpakte waren en soms zelfs een 'winkelruit'.

WIN
ELKE KAART IS
GELD
WAARD
?
SHAG
Pall Mall
2 keuken rollen

DE GRUYTER
IJspoeder
AARDBEIEN
maak zélf ijs
in uw koelkast

Tot ver in de jaren dertig ging het nog zo, toen kwam de oorlog en daarna de wederopbouw. En tijdens die periode werd ook de kruidenier stevig onder handen genomen. Het voorbeeld kwam op de vleugels van de Marshallhulp overgevlogen uit Amerika.

De Amerikanen experimenteerden al rond 1880-1890 met de eerste cafetaria en selfservice-restaurants. Tot hun eigen verbazing liepen die erg goed: "duizenden mensen bleken zonder aarzeling bereid om zelf als ober op te treden omdat het eten tegen een gereduceerd tarief zonder vervelende vertraging werd geserveerd." Ook in Nederland was er al ervaring. Al in 1896 voerde Vroom & Dreesmann in Haarlem de centrale kassa in. Een tourniquet dwong de klantenstroom er langs.

Vanaf de jaren vijftig kwam het kruidenierswezen in een stroomversnelling en ontwikkelde zich tot supermarkt met zelfbediening uit een voorverpakt assortiment en centrale kassa's. Ook in deze branche bleken enkele ondernemende families de grote motor achter de veranderingen.

De grootgrutters De Gruyter en Heijn illustreren de grote veranderingen in het vak. Maar aan de professionalisering van het kruideniersbedrijf ging een opmerkelijk fenomeen vooraf: de verbruikscoöperatie.

De Coöp

Een mooi ouderwets woord voor consumptie is 'verbruik'. We zien dat terug in de negentiende-eeuwse 'verbruikscoöperatie': samenwerkingsverband op het gebied van consumptie.
De coöperatie is een betrekkelijk oud fenomeen dat opkwam toen er een grote groep industriële arbeiders ontstond. Je zou kunnen zeggen dat het een onderdeel was van de 'arbeidersbeweging' waaruit ook de politieke partij SDAP en de omroepvereniging VARA ontstonden.

Je moest lid worden van de coöperatie om er profijtelijk boodschappen te mogen doen. Als mede-eigenaar kon je via vergaderingen invloed uitoefenen op het inkoopbeleid. Uiteraard een recht dat eerst door mannen en pas later met steeds meer succes door vrouwen werd uitgeoefend. De Coöp was door de socialistische inslag heel lang geen 'echte' winkel, maar had een sterk verenigingskarakter. Met een bestuur, inspraakvergaderingen, veel koffiedrinken en een hoog 'ons kent ons'-gehalte. Dat zag je aan van alles en nog wat: het samenklitten van klanten en personeel rond een open pak koekjes, gezamenlijke reisjes en sinterklaasfeestjes.

In Zaandam werd in 1865 de eerste coöperatie van ons land gesticht. Jan met de Pet kocht er van zijn karige salaris tegen redelijke prijzen levensmiddelen. Hij ontkwam zo aan de gedwongen winkelnering die arbeiders nog al eens kregen

De Coöp had een sterk verenigingskarakter en verzorgde zelfs reisjes.

NATIONAL

Door grootschalige inkoop bleef de prijs laag en kon Jan met de Pet betere waar kopen dan elders.

Productie en distributie hield de Coöp in eigen hand.

Iedere plaats, zoals hier in Hoek van Holland, had wel een eigen Coöpvestiging …

Bij de Coöp was de sfeer ongedwongen en gezellig. Hier de opening van een nieuwe winkel.

opgelegd. Ook bood deze vereniging hem een mogelijkheid om aan betere levensmiddelen te komen dan hij normaal kon betalen. Door grootschalige inkoop en het ontbreken van een winstoogmerk ging de prijs van brood en kaas in de Coöp-winkel naar beneden.

De gevestigde orde zag met lede ogen aan hoe de massa zelf een geduchte concurrent in het leven riep. Uit een tegenreactie van lokale Brabantse kruideniers ontstond zo rond 1900 de EDAH. Vier kruideniers besloten samen in te kopen en reclame te maken zodat de prijzen naar beneden konden.

Naast de inkoop van levensmiddelenwinkels exploiteerde de coöperatie ook meelfabrieken die weer leverden aan eigen broodbakkerijen. Er werd gezorgd voor betaalbare brandstof (kolen) en eigen fabrikaat luxere producten zoals koffie, zeep en zoetwaren.

Naast de op linkse leest geschoeide coöperatieve verenigingen waren er ook van andere signatuur: katholieke of 'neutrale'. Nederland was nu eenmaal een verzuilde natie. De coöperatie nam begin twintigste eeuw een grote vlucht. Vrijwel iedere plaats in Nederland heeft ooit wel eens een eigen coöp gehad, vooral tijdens het interbellum kwam de coöperatie tot grote bloei. Onder de naam CoöpCodis bestaat de keten nog steeds. Zo'n half miljoen leden halen nog de dagelijkse boodschapjes in een van de honderdvijftig coöp-supermarkten.

De Gruyter

Nog een oud woord: grutter. Het betekent kruidenier. Van grutter is het een kleine stap naar de naam van de familie die de kruidenierswereld op zijn kop zette: De Gruyter. Het kruiderniersimperium De Gruyter (de y zonder puntjes leverde goedkopere neonreclame op!) is generaties lang synomiem geweest voor boodschapjes doen.

Al in 1818 had de eerste De Gruyter een kruidenierszaak in Den Bosch, in de hoogtijdagen in de tweede helft van de twintigste eeuw waren dat 550 winkels waar 7500 mensen werk vonden. De uitdrukking 'het snoepje van de week', een marketing-idee van het bedrijf, raakte ingeburgerd in het dagelijkse taalgebruik. Zowaar geen klein grut!

In de negentiende eeuw, echter, was de firma De Gruyter helemaal geen opvallend bedrijf. De graanmaalderij en de grutterij deelden in de achterstand die Nederland sowieso al had in Europa. De rechtgeaarde katholieke firma liet nieuwigheden zoals stoomkracht aan zich voorbijgaan.

Rond 1900 leefde de economie op en ons land profiteerde mee. De generatie De Gruyters die aan het roer stond profiteerde daarvan en durfde een uitbreiding aan in Utrecht. Er volgden daar meer winkels en het liep zo goed dat Jacques de

Gruyter ideeën kreeg voor een landelijke keten. Zijn broer Lambert concentreerde zich op de productie van voldoende eigen fabrikaat dat in de winkels werd verkocht. Er kwamen koffiebranderijen, een theefabriek en graansilo's, pakhuizen en een nieuwe maalderij. En natuurlijk een horde meisjes die bonen moesten lezen en verpakken, technici om de machines draaiend te houden en personeel om de winkels te bemannen. De Gruyter groeide als kool.

Nieuwigheden, zoals margarine en kassa's, ging het bedrijf niet meer uit de weg. Er werd geëxperimenteerd met klantenbindingsystemen à la *'air miles'*. Wie kassabonnen spaarde kon kortingen krijgen. Naast klantenbinding stimuleerde dit systeem ook contante betaling, wat nog heel lang geen gemeengoed was in Nederland.

Al in 1918 kreeg De Gruyter het predikaat Koninklijk omdat het de eerste honderd jaar had overleefd. Dat het bedrijf de tweede honderd jaar slechts voor de helft zou overleven, kon niemand nog vermoeden. Er was een mis, een feest en vol goede moed begonnen de De Gruyters hun expansie om in 1920 tot Neerlands grootste kruidenier uit te groeien. Zelfs in buurlanden werd De Gruyter actief. De financiële middelen hiervoor werden, in het grootste geheim, verschaft door boterhandelaar/margarine fabrikant Jurgens die later Unilever mede-oprichtte.

Koffie vóór de oorlog …

... en erna. Pas in 1952 ging hij van de bon.

De Gruyter hield (te) lang vast aan haar traditionele winkelconcept. Tot ver na de Tweede Wereldoorlog werd je er bediend met uitsluitend eigen fabrikaat.

De Gruyter ontwikkelde en deed alles zelf. Ze maakte en drukte eigen reclame, reed besteldiensten en vond tal van producten uit die wij nog steeds typisch Nederlands vinden: hagelslag en chocoladeletters voor sinterklaas (1930). Pindakaas schijnt overigens een Amerikaanse vinding geweest te zijn om van de aardnootoverschotten af te komen.

Door alles in eigen hand te houden, werden kosten goed beheerst. Samen met het kortingsparen loodste deze aanpak De Gruyter zonder kleerscheuren door de crisisjaren. Door het stilvallen van de koloniale handel tijdens de bezetting en de grijpgrage handen van de overvallers was er al snel geen cacao- of koffieboon meer te krijgen. Van aardappelmeel, gerst, veldbonen, bloembollen en suikerbieten werd per week meer dan honderd ton thee- en koffiesurrogaat geproduceerd die onze koffiedrinkende natie door de oorlog moest helpen. Pas in 1952 ging de koffie weer van de bon, wat De Gruyter vierde met een reclamecampagne die ook vandaag nog een gelukkige glimlach ontlokt.

Een paar jaar daarvoor (1948) was de suiker van de bon gegaan. Ook dat moment werd met reclame verzilverd. Bij de boodschappen die moeder deed kreeg zij voor de kinderen een gratis 'snoepje van de week'. Een uitdrukking die tot in het heden doorklinkt in onze taal.

Na de oorlog was het bedrijf verwoest maar de kennis in tact. De Gruyter pikte de draad op, het trouwe personeel en de even trouwe klanten keerden terug om in de puinhopen opnieuw te beginnen. In 1950 waren er al weer meer dan 1300 winkels in bedrijf!

De omvang en de complexiteit van het familiebedrijf dwong tot een modernere manier van bedrijfsvoeren. Wel bleef de leiding in handen van de nazaten van Jacques en Lambert. Ook bleef men voor eigen 'parochie' produceren, zodat het aanbod in de schappen beperkt bleef tot het eigen merk. Sloeg een product niet aan? Dan zat men met een productieoverschot.

Deze strategie zat niet lekker in de stijgende welvaart van de wederopbouw. Mensen wilden iets te kiezen hebben. De Gruyter reageerde met inkoop bij andere leveranciers en wederverkoop onder eigen naam. Maar dat ondermijnde wel het eigen productieapparaat.

De grootste bedreiging kwam uit Amerika overgewaaid: de zelfbedieningswinkel. Eind 1948 had Nijmegen de primeur toen de lokale kruidenier Van Woerkom de eerste zelfbedieningswinkel opende. Overigens deed Dirk van den Broek niet onder voor Van Woerkom, in hetzelfde jaar opende Dirk van den Broek zijn zelfbedieningszaak in Amsterdam: een regelrechte bedreiging voor de toonbankwinkel van De Gruyter. De familie was verdeeld over de te volgen strategie en ging schoorvoetend de weg op richting de supermarkt, het logische vervolg op de zelfbedieningszaak.

De Gruyter worstelde met de gewijzigde omstandigheden. De familie had een groot netwerk van kleine winkels, maar moest eigenlijk veranderen in een kleiner netwerk met grotere winkels. Ook het assortiment moest worden uitgebreid wat ten koste zou gaan van de eigen productiecapaciteit. Eigenlijk kwam de familie er niet goed uit. Pas toen het water al in het gangboord stond en het hele De Gruyterschip dreigde te kapseizen, ging de familie overstag. Veel later dan die grote concurrent: Albert Heijn.

De Gruyter probeerde de verloren markt met een agressieve prijzenoorlog terug te veroveren maar trok zelf aan het kortste eind. Voedingsmiddelenconcern Unilever, dat een belangrijke geldschieter was, trok de stekker eruit. De Gruyter werd in 1970 verkocht aan de Steenkolen-Handelsvereeniging (SHV) van de familie Fentener van Vlissingen, bekend van de groothandel Makro. Een succes zou het niet worden. Zeven jaar later werd de keten overgedaan aan Spar en weer vijftien jaar later aan Unigro. Daaruit zou uiteindelijk Laurus ontstaan (bekend van het Konmar-debacle) waarmee de lijdensweg van de erven De Gruyter wellicht een laatste fase is ingegaan.

10% KORTING

DE GRUYTER
MAIZENA
EXTRA
INHOUD 200 G

'De toekomstfantasie zelfbedieningswinkel heeft voor haar geen charme'

De eerste zelfbedieningszaak in Nederland werd in 1948 geopend. Het heette 'een stukje Amerika in Nederland' te zijn.

Alles wat uit Amerika kwam, was goed in die tijd.

In de Verenigde Staten was er al behoorlijk wat ervaring met zelfbediening. Men zegt dat tijdens de mobilisatiejaren vanwege de Eerste Wereldoorlog de eerste self service winkels ontstonden door personeelsgebrek. De nood bleek een deugd. Door de lagere personeelskosten konden de prijzen omlaag en dat werkte als een magneet op het koperspubliek.

Op de vleugels van de Marshall Hulp vlogen Nederlandse vertegenwoordigers van de levensmiddelensector de oceaan over. Studiereizen maakten hen enthousiast voor de zelfbediening. Toch treuzelde Nederland bij de invoering. Veel ondernemers konden maar moeilijk afscheid nemen van hun toonbank en de persoonlijke relatie met de klant. Niet alleen zou hij zijn waardigheid als winkelier verliezen als hij vanuit de hoofdrol zou worden verbannen naar de coulissen van het winkelbedrijf, de kruidenier dacht ook dat de huisvrouw er niets in zou zien.

ZUREN
PEULVRUCHTEN
Juli Premie
ANANAS
1.59
GROTE PLASTIC
BAL
98

OUDE SNIK
Z.O. GENEVER
OUDE SNIK
ADRIANUS VAN DEN EELAART
SCHIEDAM

BEDIEN U
ADVOCAAT
Koffie

Luycks

Veelzeggend is het volgende citaat: 'Zij winkelt niet graag in de bazar, de toekomstfantasie zelfbedieningswinkel heeft voor haar geen charme'. Verder vreesde de kruidenier hebzucht en diefstal, zo blijkt uit historisch onderzoek van de Universiteit van Utrecht.

Wie in 1948 de stap wel durfde te nemen, was Chris van Woerkom uit Nijmegen. Tijdens de bezettingsjaren had hij zijn winkel opgedeeld om hem kleiner te laten lijken. Op die manier wilde hij voorkomen dat de bezetter de zaak kwam opeisen. Na de oorlog begon hij in het achtergedeelte zijn waren voor te verpakken om die in de winkel kant-en-klaar te verkopen.

Met het Amerikaanse vaktijdschrift 'The Progressive Grocer' in de hand richtte hij vervolgens zijn kruidenierswinkel in als een Amerikaanse zelfbedieningszaak. De timmerman en de smid hielpen hem bij het maken van toonbanken, stellingen en winkelwagentjes. En klaar was de 'Zelf Help Winkel'.

Zijn collega's verklaarden hem voor gek. Het zou niks zijn voor de Nederlandse huisvrouw, die geen koelkast had en dus geen grote voorraden kon inslaan.

Maar damesblad Margriet dacht er heel anders over. Het verhaalde over de huisvrouw 'als heerseres over een klein koninkrijk' waarin niet de kruidenier, maar de klant het voor het zeggen had. 'Dat we ooit zoiets ideaals zouden ontmoeten,

als deze zelfbedieningswinkels, dat hadden we toch niet durven dromen!'
Chris van Woerkom zag in korte tijd zijn omzet verdubbelen.

Toen in de loop van de jaren vijftig en zestig de lonen stegen, veranderde de situatie snel. Gezinnen kregen auto's en koelkasten zodat er grotere voorraden konden worden ingeslagen.

De Consumentenbond en de Nederlandse Vereniging voor Huisvrouwen ondersteunden het zelfbedieningsconcept en hielpen mee aan een snelle acceptatie onder de consumenten. Schoorvoetend volgde de branche.

En weer klinkt hier het eeuwige gelijk van Albert Heijn: "In feite zijn alle ontwikkelingen in de detailhandel terug te voeren op de veranderingen van de mens."

Albert Heijn

Ooit was De Gruyter groter dan AH, ofwel Appie Heijn. Rond 1920 was het 99 winkels tegen 75. Uiteindelijk versloeg Albert Heijn De Gruyter tweemaal: in de jaren zestig met de supermarkt en rond 2005 in de supermarktoorlog.

Het begon allemaal in 1887 in Oostzaan toen Albert Heijn senior in de zaak van zijn vader kwam. Hij kwam met een voor die tijd heel vreemd idee: "rijk en arm moeten bij mij boodschappen kunnen doen." Helemaal niet vanzelfsprekend in een tijd van notabelen en knechten. De doktersvrouw wilde niet in dezelfde winkel gezien worden met de sloof van de dagloner.
Maar Albert Heijn zette door en had kennelijk succes: hij opende na acht jaar een eerste filiaal in Purmerend. Zo'n twintig jaar later waren het er dus 99; eind jaren twintig 130 en in de crisisjaren (!) ging het aantal filialen over de tweehonderd. Het bedrijf hanteerde vanaf het begin in 1887 een lastige maar succesvolle formule van lage prijzen in combinatie met een luxueus assortiment. Er wordt wel gezegd dat Albert Heijn Nederland sherry en wijn leerde drinken.

Hoewel Albert Heijn net als De Gruyter een familiebedrijf was, waren de Heijns veel minder behoudend. Al in 1948 werd met een beursnotering vreemd kapitaal (en dus zeggenschap) in het bedrijf opgenomen. Ook nieuwigheden als zelfbediening omarmde Albert Heijn zonder de twijfel die de De Gruyters in dit stadium kenmerkte. In 1952 opende Albert Heijn zijn eerste zelfbedieningszaak in Schiedam. Het jaar daarvoor was Albert Heijn jr. toegetreden tot de zaak en hij was de belangrijkste drijfveer achter dit soort nieuwe ontwikkelingen. En om het innovatieve karakter van de Heijns nog eens te benadrukken: het barcodesysteem waar heel de wereld nu mee werkt, is door hem doorgedrukt. 'Tot in Rusland en Nieuw-Zeeland zie je tegenwoordig die stomme streepjes', stelt Albert Heijn in zijn memoires tevreden vast.

Deze kleinzoon heeft een belangrijk stempel gedrukt op de ontwikkeling van het concern. Niet omdat hij zo'n drammer was die zijn systematiek oplegde aan anderen, maar juist omdat hij de kwaliteiten van anderen kon benutten. Met kapitaal van buiten trok hij ook managers aan met kwaliteiten die hij zelf niet in huis had. De slag om de gunsten van de huisvrouw bleek er overigens een van lange adem. De kleine kruidenier met zijn vaste klanten en ook de positie van De Gruyter leverden taai weerwerk.

Pas in de jaren zestig bereikte Albert Heijn grotere successen met een modern spaarsysteem waarmee luxe elektrische huishoudelijke apparatuur binnen het bereik van trouwe klanten kwam. Er kon worden gespaard voor een koelkast waarin het nieuwe assortiment van versproducten van Albert Heijn langer goed bleef. Zo sneed het mes aan twee kanten!

Net als Dreesmann ging Albert Heijn meedoen aan de mode van diversificatie. Er werd driftig geëxperimenteerd met branchevreemde activiteiten, de jaren zeventig waren tenslotte de jaren van de partnerruil. Vanwege de avonturen op de buitenlandse markt werd AHOLD opgericht (1973), er werden Amerikaanse winkels overgenomen en de kruidenier introduceerde McDonald's in Nederland. Ook probeerde het bedrijf op Amerikaanse leest geschoeide weidewinkels uit. Het liep niet super en de oliecrisis deed de rest. Begin jaren zeventig leed Albert Heijn verlies.

Uiteindelijk kwam Albert Heijn goed uit de strijd. Zo nam Albert Heijn concurrenten als Simon de Wit over wat leidde tot meer succes op de binnenlandse markt. Zeker toen begin jaren tachtig het roer omging onder de – naar eigen zeggen – bekendste reclameslogan uit de vaderlandse Geschiedenis: *'s Lands grootste kruidenier gaat op de kleintjes letten* (1981).

De jaren tachtig waren droevig voor de familie Heijn. Want hoewel het bedrijf veel minder een familiebedrijf was dan de concurrenten, zorgden spanningen tussen Albert en zijn jongere broer Gerrit-Jan voor het nodige gedoe. De anticlimax kwam in 1987 door de ontvoering van en moord op Gerrit-Jan Heijn door 'Ferdi E.'.

Met de dood van Gerrit-Jan eindigde ook de dynastieke leiding van de Heijns aan het inmiddels koninklijke AHOLD. Van de externe leidinggevenden die het roer van de familie overnamen, werd Cees van der Hoeven de bekendste. Hij bouwde een internationaal imperium op de grondvesten van de kruidenierswinkel en viel in een peilloze diepte toen in 2003 bekend werd dat zijn creatie een reus op lemen voeten bleek. Klanten en aandeelhouders zegden het vertrouwen op en het concern dreigde ten onder te gaan. Inmiddels is de kern van het bedrijf (de supermarktketen) weer terug bij de oude filosofie: een gewone winkel waar arm en rijk hun boodschappen doen. Een luxe assortiment tegen een betaalbare prijs.

Begin van de twintigste eeuw te Groningen: het personeel gaat op de foto.

Luxe artikelen in het assortiment: productielijn voor Albert Heijn-bonbons rond 1930.

Albert Heijn: minder behoudend dan de concurrent.

Ook in
DISTRIBUTIE
TIJD
ALBERT
HEIJN
Uw
JUIST NU

EDAH

Jacob Ebben, Servaes Dames, Jan Aukes en Johannes Hettema, Brabantse kruideniers, gaven de naam aan deze coöperatieve supermarkt. Het was hun antwoord op de linkse Coöperatieve Verbruikersverenigingen die de gevestigde orde flink beconcurreerden.

Dat de Brabantse stichters van de EDAH wel heel erg Friese achternamen hebben, is niet zo raar als je beseft dat begin twintigste eeuw de streek rond Helmond tot industriële ontwikkeling kwam. De groeiende economie zorgde voor migratie. Vanuit heel agrarisch Nederland, waaronder Friesland en Groningen, trokken ondernemende jonge mannen naar Brabant om te gaan werken in de sigaren, textiel en gloeilampenindustrie.

Onafhankelijk van elkaar begonnen de jongemannen Ebben, Dames, Aukes en Hettema in verschillende steden kruidenierszaken. Toen verscheen er een vijfde Fries: De Jong. Deze vertegenwoordiger van Douwe Egberts kwam bij alle vier in de winkel. De Jong bracht de heren bij elkaar omdat als ze hun inkoop zouden bundelen hij een goeie korting kon geven. In zijn achterhoofd zal zeker meegespeeld hebben dat hij daarmee ook vier klanten aan zich bond. Omdat de mannen letterlijk elkaars taal spraken, hadden ze elkaar snel gevonden.

De vier kruideniers wilden vanuit Helmond vooral de Coöps met eigen middelen verslaan en gingen samenwerken op het gebied van reclame en inkoop. Zij bedachten een franchiseformule die zij onder de naam EDAH uitrolden in het zuiden van ons land. Belangrijk voor het openen van een 'provisie-filiaal' was de aanwezigheid van een tramhalte nabij de winkel. In de jaren zeventig slaagde de EDAH erin om het doel van de oprichters te verwezenlijken: het concern nam 150 Coöp-winkels over.

Simon de Wit

Simon de Wit heeft in zijn jonge jaren heel wat afgesjouwd met kaas. Zijn vader overleed vroeg, dus moest hij als twaalfjarige al meehelpen om het gezin rond te laten komen. Met zware manden met kaas trok hij er als venter op uit. Na een paar jaar leende hij dertig gulden en begon een winkel die zou uitgroeien tot een grootwinkelbedrijf met 2500 medewerkers.

Toen hij van een schipper hoorde dat je in de grote stad veel meer kreeg voor grutterswaren, vertrok hij uit Wormerveer om in Amsterdam een tweede winkel te openen (1883). Vanaf dat moment ging het snel. In tegenstelling tot streekgenoot Albert Heijn, richtte Simon de Wit zich op de volkse massa. Hij stichtte sobere winkels in de volkswijken met prijzen voor de kleine beurs.

Als één van de eersten introduceerde Simon de Wit zelfbediening in zijn winkels, later schakelde hij over op het nieuwe concept van supermarkt. Net als super-ondernemer Anton Dreesmann begaf Simon de Wit zich als concern op het pad der verbreding. Men stapte in de exploitatie van recreatieparken. Misschien kwam het hier een beetje door dat de aandacht voor de concurrentie verslapte. Albert Heijn, Spar en zelfs het al kwakkelende De Gruyter moest het bedrijf laten voorgaan. Zeker speelde ook mee dat de 'volkse massa' meer ging verdienen en zich het bezoek aan de nettere winkel ging veroorloven. Tegelijkertijd ging Simon de Wit ook meer merken van de andere prijsvechters zoals Dirk van den Broek.

Simon de Wit junior, een befaamd Olympisch roeier, werd uiteindelijk onttroond door kritische geldverschaffers en ook andere nakomelingen verlieten het concern. Uiteindelijk nam concurrent Albert Heijn het bedrijf in 1972 over. De filialen werden omgedoopt of gesloten zodat de naam Simon de Wit langzaam uit de straten verdween.

De Levensmiddelenconcerns Albert Heijn NV en Simon De Wit NV besluiten tot vergaande samenwerking, 1972.

Jamin

Geen kruidenier, maar een suikerbakker. Jarenlang was Meneer Jamin een begrip. Acteur Ton van Duinhoven belichaamde deze beminnelijke figuur die zorgde voor de vervulling van de diepste wensen van zoetekauwend Nederland. Chocolaterie, suikerwaren, biscuit, daarmee verdiende de Dordtse suikerbakker Cornelis Jamin de kost in Rotterdam en omstreken. In 1883 waagde hij een gokje aan de Crooswijkse straat in Rotterdam. De eerste 'Jamin' was een groot succes: twintig jaar later had Jamin een suikerwarenfabriek en vijftig winkels!

De naam Jamin stond voor kwaliteit tegen een redelijke prijs waarbij niemand precies wist hoe je zijn naam nu precies uitsprak. Dáar maakte Jamin na een slepende maar gewonnen rechtszaak tegen de arbeidsinspectie gebruik van met de leus 'Jamin tiendra'. Dat klink hetzelfde als *je maintiendrai* maar betekent net iets anders: 'Jamin zal standhouden'. De rechtszaak en de leus trokken veel publiciteit.

Ook de tweede generatie Jamin was zeer succesvol. De drie zonen sloegen een grote slag met de (straat-)verkoop van ijs in de jaren dertig. De derde generatie Jamin zette de expansie voort, maar het bedrijf behield het karakter van een zeer gesloten familieonderneming. Iedereen kocht bij Jamin, zelfs de 'rijke bovenlaag', maar die nam lege zakjes van de dure concurrent mee om bonbons in te laten verpakken. De Jaminnen stelden in 'proefvergaderingen' op maandagmorgen

JAMIN
214
LEKKERLAAG
CHOCOLADE REEP 98
KATTETONGEN 2.49
BRABANTSE BISKWIES 1.98
KANO'S 1.29
LANGE VINGERS 1.39
GESORTEERDE DROP 2.69
ELITE HAVER 2.49
HAAGSE HOPJES 1.59
VANILLE-IJS 1.98
HET HELE JAAR LEKKER LAAG.
roomijs dubbeldik puur 4.95
GOMBALLEN 2.98
werpschotel

C.JAMIN

vast wat de klant lekker zou vinden. Er werd uren lang geproefd en gedelibereerd over producten en de samenstelling van snoep, ijs of pudding. Ze waren als vakmensen erg succesvol met productontwikkeling, maar minder succesvol als concernbestuurder.

Toen de familie met het concern eind jaren zeventig van koers raakte, had Jamin honderden filialen. Jamin had de professionaliseringsslag gemist en verzuimd de organisatie van het bedrijf aan te passen aan de enorme omvang. Het bleek te laat. Er werd van alles geprobeerd om Jamin te redden, maar in 1985 viel het doek met een faillissement. De boedel werd uiteindelijk overgenomen door Ahold.

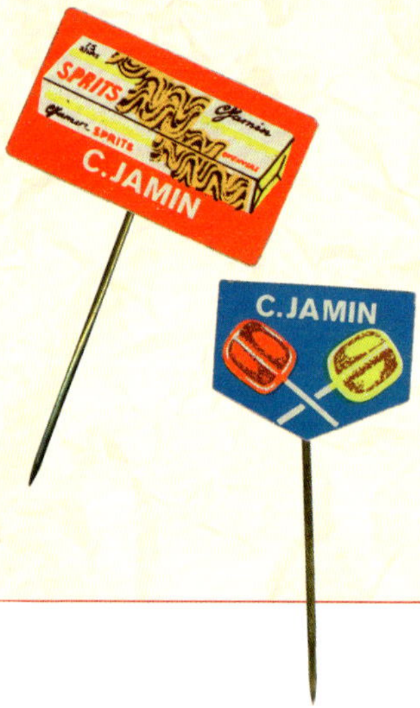

Jaminwinkel, 1997. Bij een reorganisatie een jaar later gaan 60 van de 131 filialen van het noodlijdende Jamin dicht.

Wie lette er op de échte kleintjes?

In de schaduw van de successtories van de grootwinkelbedrijven mogen we natuurlijk het legioen van de kleintjes niet vergeten. De anonieme sappelaars die kisten met appels opwreven tot ze glommen. Ze voor een spiegel legden zodat de winkel en het assortiment groter leek, die lopend en per fiets aan huis bezorgden. Die met een houten lepel stroop overhevelden van een vat naar een meegebracht potje. Die met een holle schep koffie overgoten in een puntzak, één keer per week afrekenden met hun klanten en tot aan de Warenwet (1919), de Vestigingswet (1936), de Winkelsluitingswet en het Middenstandsdiploma aan de goden waren overgeleverd.

Iedereen kon een nering beginnen in een voor- of achterkamertje en dat gebeurde ook massaal. Iedereen die de roman 'Kaas' van Willem Elsschot heeft gelezen, weet in welke ellende degene terecht kon komen die onvoorbereid en zonder kennis van zaken aan de slag ging. Hoofdpersoon Frans Laarmans blijft zitten met twintigduizend kilo kaas, een schuld en een enorme weerzin tegen dit zuivelproduct.

De regulering en de bescherming van de kleine winkeliers tegen de oprukkende grootwinkelbedrijven zorgden voor een discussie die van 1900 tot in de jaren dertig duurde. Lange tijd was de winkel open op de momenten dat de winkelier dat goeddunkte.

JURGENS' SOLO MARGARINE
VAN NELLE'S THEE
DE GEUR
zegt 't reeds
VAN NELLE'S
PAKJES KOFFIE
BORSTPLAAT

HANDEL
in
AARDAPPELEN GROENTEN
FRUIT
en
COMESTIBLES
TELEFOON
KENNEMERLAND
ALKMAAR
SCHOORSTEENVEGER
MAGGI

TOOTH PASTE
IVOROL
EXCELLENT
Excellent in fresh taste
Excellent in removing tartar
Excellent in whitening power
MIJNHARDT
PHARM & CHEM
LABORATORIES COMP
ZEIST - HOLLAND

Victoria-Water
Acacia
Toilet Soap
Twink
LUX

MAGGI

VERO

Zoiets als een zondagssluiting hing helemaal af van de geloofsovertuiging van de winkelier. Maar zelfs strenggelovige ondernemers respecteerden niet altijd de zondagsrust. 's Avonds waren winkels tot tegen middernacht open en als winkeliers dat wilden veranderen, dan stuitte dat op lokaal verzet. Zelfs in de krant werd gewaarschuwd tegen overdrijving van het sluiten van de winkels vóór negen uur 's avonds!

Het volk was er aan gewend dat de winkel altijd open was, meer dan twaalf uur per dag, alle dagen van de week. De vakbeweging had het winkelpersoneel nog niet gevonden en omgekeerd vond de winkelbediende de vakbeweging meer iets voor metaalarbeiders en zo.

Er werd wel gelobbyd en ook in de politiek werd herhaaldelijk gediscussieerd over openingstijden van winkels. Het kwam echter nooit tot landelijk beleid, zodat alleen op gemeentelijk niveau wel eens wat werd bereikt met een verordening. Pas in 1930 werd met de Winkelsluitingswet de zondagsluiting geregeld. Maar net vóór de Tweede Wereldoorlog voerde het winkelpersoneel nog steeds actie: men deelde honderdduizenden kaartjes uit met een oproep om op zaterdag in ieder geval om zes uur te mogen sluiten … Pas in 1951 zorgt een tweede Winkelsluitingswet voor een wat prettiger regime voor de winkelbediende en moeten moeders voor zessen klaar zijn met de boodschappen.

GRACIA
cassette bij
Helpt snel
Dr.Scholl's

SPAR
halvarine
98
GLAS

Natuurlijk, naast het gesappel zijn er ook tal van successen. Winkels en handeltjes die van vader op zoon overgingen, herkenbaar aan de typische '& zn.'-toevoeging achter de familienaam. Sommige bedrijven gingen decennialang mee en konden rekenen op een vaste, trouwe klantenkring.

Onze 6 uur
sluitingsactie
MOEDER
ZUSTER
TANTE
BUUR
KOOPT
ZATERDAGS
VÓÓR 6 UUR
AVONDS
ALG. NEDERL. BOND VAN HANDELS- EN KANTOORBEDIENDEN

Schaarste en overvloed

Hoe kwam dit allemaal zo? Vatten we een halve eeuw detailhandelgeschiedenis in een paar woorden samen, dan klinkt dat zo: oorlog, wederopbouw, welvaart, groeiende vraag, massaconsumptie, recessie, individualisering, virtualisering. En dat in een ijltempo: haast, haast, haast.

Via de Marshall-hulp krabbelde de Nederlandse middenstander overeind na de Tweede Wereldoorlog. Er was gebrek aan alles, maar de grote vraag ging niet gepaard met voldoende aanbod en geld om te besteden. De koffie bleef tot 1952 op de bon, de gulden was nog zo kostbaar dat het tot ver in de jaren vijftig een biljet was. Salarissen gingen per week nog in een bruine envelop mee met de kostwinner, zijn vrouw zat thuis. Tien miljoen Nederlanders behielpen zich door de jaren vijftig heen met een 'commensaal' (kostganger) op zolder, het uithalen van oude truien om nieuwe te breien en het keren van kleding zodat het wat langer kon worden doorgedragen.

Pas toen tegen de jaren zestig de lonen begonnen te stijgen, nam de consumptie toe. Zoiets als het prille begin van ons sociale stelsel was hierin heel belangrijk. Toen in 1956/1957 de AOW werd ingevoerd, kregen ouderen wat meer te besteden. Maar denk ook aan de Algemene Weduwen- en Wezenwet, de WW en de WAO. Talloze mensen die geen inkomen uit arbeid hadden, begonnen via de her-

verdeelde welvaart toch deel te nemen aan de economie. De vondst van grote hoeveelheden aardgas in Slochteren zorgde voor een versnelling in de welvaartsgroei.

Tegelijkertijd hield de overheid het stuur stevig in handen. Via overheidscampagnes en jaarlijkse 'loonrondes' werd de consumptie van levensmiddelen opgestuwd. De reclamecampagnes zijn bijna cultuurgoed geworden. Je kunt vanuit de jaren tachtig het snoer terugvolgen via Melk de Witte Motor; Melk Moet - melk doet je goed; Melk is goed voor Elk; Joris Driepinter naar Met Melk Meer Mans. Wie kan ze in de juiste chronologische volgorde zetten?

De kleine winkelier begon te profiteren van de omzetgroei. In eerste instantie liep de omzetgroei parallel met de welvaartsgroei. Dit ging veranderen toen de mensen zelf veranderden, geheel in lijn met de Wet van Heijn. De Nederlander begon meer vrije tijd te krijgen. Meer tijd om te winkelen, maar ook meer tijd om andere dingen te doen. Vrijetijdswinkels, zoals de Perry-keten, maar ook talloze kleintjes, kwamen in het straatbeeld.

Maar stijgende welvaart leidde tot meer banen, stijgende lonen en schaarser personeel. De winkels veranderden mee: minder personeel leidde tot meer zelfbediening. De winkelier stapte niet van harte over, maar zag zich gedwongen. Tussen 1948 en 1958 verduizendvoudigde het aantal zelfbedieningswinkels, namelijk van

Uitverkoop!

één naar duizend ... Vijf jaar later waren het er overigens al vierduizend. Het logische vervolg was de supermarkt van onder meer Albert Heijn; een geduchte concurrent voor de kleine kruidenier. De investeringen om hierin mee te gaan waren enorm, zodat veel kleintjes afhaakten. Door hun grote en diverse aanbod vormden de supermarkten ook een gevaar voor andere winkeliers. Voor huishoudelijke artikelen of persoonlijke verzorging kon je na verloop van tijd ook in de supermarkt terecht.

De overheid zag al in de jaren vijftig de problemen van de winkeliers aankomen. Ze greep in. Er kwam een nieuwe Winkelsluitingswet en in de pas opgerichte Sociaal Economische Raad (SER) zaten alle betrokkenen aan één tafel om afspraken te maken. Er werden Bedrijfs- en Productschappen opgericht die wettelijke taken en bevoegdheden kregen. Kortingen, uitverkopen, vestigingen en de samenstelling van het assortiment: overal bemoeide de overheid zich mee. Zo werd de vrije markt beteugeld om de kleine winkeliers te beschermen tegen de toenemende concurrentie van de grote jongens.

In de jaren zestig groeide het inkomen van de Nederlander enorm. De bestedingen namen navenant toe: iedere tien jaar verdubbelde de consumptie! En de samenleving werd mobiel. Je kon verder van je werk gaan wonen of elders gaan winkelen. De Rotterdamse Lijnbaan werd een recreatieve bestemming: lekker een dagje winkelen. De binnenstad veranderde zelf overigens ook omdat steeds

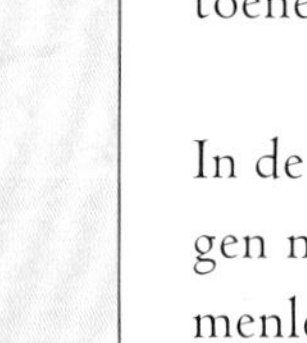

meer mensen buitenaf wilden wonen. Het gevolg was de aanleg van hele nieuwe wijken zoals Ommoord en Zevenkamp bij Rotterdam waar *toute* Crooswijk heen verhuisde. Ook ontstonden hele nieuwe slaapsteden zoals Almere en Lelystad of Capelle aan den IJssel.

Weer veranderden de winkels mee met de mensen. De nieuwe woningen leidden tot speciaalzaken voor woninginrichting of keukenapparatuur (aardgas!) en in de nieuwe buurten kwamen noviteiten als winkelcentra. Massaproductie en de toepassing van goedkope en makkelijk te verwerken materialen zoals plastics brachten allerlei producten binnen ieders bereik. Strijkijzers, wasmachines en handige dingen voor in de keuken en de rest van het huis.

De auto zorgde ook voor massatoerisme. Nederlanders maakten kennis met andere culturen en producten. Terug in Nederland steeg de vraag naar kazen en dranken uit het vakantieland en de eerste speciaalzaken openden de deuren. Meer geld uitgeven aan eten leidde tot meer dagelijkse calorieën. De slager deed goede zaken; de vleesconsumptie steeg van veertig kilo per jaar (1965) naar vijfenzestig kilo (1980). De overdaad zorgde voor de democratisering van het overgewicht die de vraag naar dieetmiddelen en kuren weer aanwakkerde …

De beschermde kleine middenstander profiteerde mee van de welvaartsgroei, al was het enigszins in de schaduw van de Maxis, de Praxis, de Wickes en de Albert

Uitverkoop bij de Bijenkorf en C&A zorgde voor een enorme toeloop.

Voorbereiding van de uitverkoop in Nederland. Medewerkers van een ontwerpafdeling bezig met het maken van borden en belettering voor uitverkoopaankondigingen. Een tekst luidt: "Een streep door de malaise!", 1933.

NAVELS
5 voor
2.95
WORTELTJES
HOLLAND
ZWOLLE 70.

Heijn. Begin jaren zeventig was het hoogtepunt van het consumeren wel zo'n beetje bereikt. De duizelingwekkende welvaartsspiraal werd begeleid met jargon als 'automatische prijscompensatie' en het 'koopkrachtplaatje van Jan Modaal'. Het kabinet Den Uyl was bezig met 'inkomensnivellering': alles moest gelijk verdeeld worden. De 'koopkrachtplaatjes' moesten voor altijd gelijk blijven. Maar hogere bestedingen vroegen om hogere lonen en leidden tot hogere prijzen. De boel eindigde in inflatie.

En toen werd het crisis.

De olieboycot zorgde niet alleen voor een aantal autoloze zondagen in 1973, maar ook voor een ongekende hamsterwoede. De consument werd onrustig, zag zijn werk (en dus het inkomen) bedreigd door het vertrek van productie naar lagelonenlanden. Voor het eerst sinds de Tweede Wereldoorlog nam de werkloosheid toe.

Er volgde nog een (olie)crisis eind jaren zeventig en toen stortte ook de huizenmarkt nog in. De overheid zag in dat het roer om moest. In 1978 brengt het eerste kabinet Van Agt de Nota Bestek'81 uit. Daarin werden 'ombuigingen' aangekondigd die tot ver na 1981 de leidraad van de overheidsbestedingen zouden vormen. Schraalhans werd tot diep in de jaren tachtig keukenmeester, al is dat natuurlijk erg relatief als je het vergelijkt met de echte armoe van enkele

decennia daarvoor.
De tendens van het afkalvende winkelaanbod zette door. Tweehonderdduizend winkels in 1950, in de loop van de jaren zeventig inzakkend naar zo'n 165.000. De grote ketens werden steeds machtiger. Wie wilde overleven, sloot zich aan bij een franchiseorganisatie of een grootschalig inkoopbedrijf. De Hubo en de Gall & Gall ontstaan. Anderen vonden emplooi in niches: de rijdende winkel waarvan de SRV de bekendste is geworden, of het echte exclusieve vakwerk van de notenbar, de kaas-speciaalzaak, de chocolaterie of de cadeau- en snuisterijenwinkel. Gelukkig maakte de overheid de overstap van de ene branche naar de andere gemakkelijker. De overheidsbemoeienis omtrent de vakkennis van de ondernemer en de samenstelling van het assortiment werd wat minder: de drogist kon fotorolletjes gaan verkopen.

De jaren tachtig werd het decennium waarin het winkelende publiek letterlijk op de kleintjes ging letten. De kabinetten Lubbers gingen verder met bezuinigen, de lonen werden gematigd. Discountzaken en witte prijzenhallen dreven gerenommeerde winkels en warenhuizen in het nauw. De mode nam de kleur van de economie aan: zwart met witte opdrukken als 'No Future'. Verder werd dedemocratisering van de jaren zeventig doorgezet in de winkel. Je had geen winkels meer voor knechten en notabelen. Je kwam elkaar overal tegen.

Toch had je winkels waar je wel en niet gezien wilde worden. Daar zorgden en-

De jaren zestig: Meer welvaart, massaproductie en goedkopere materialen zoals plastic brachten luxe en duurzame huishoudelijke producten binnen het bereik van de massa.

kele dogma's voor die in de jaren zeventig waren ontstaan en die in de jaren tachtig werden uitgevochten. Had je vroeger verschillende winkels voor arm en rijk, langzaamaan veranderde dat in aparte winkels voor sub-culturen die los stonden van economische welstand. De subcultuur werd gevoed door het taboe op bontjassen, een boycot van Afrikaanse sinaasappelen, doorgesneden benzineslangen bij Shell en brandende Macrowinkels vanwege de apartheid in Zuid-Afrika. Derde Wereld Winkels voor de progressieven, de reformzaak voor de alternatieven en de merkkleding voor de kakkers.
De individualisering zorgde er ook voor dat mensen zich gingen onderscheiden met bepaalde merken. Je kocht letterlijk je 'roots' in de schoenenzaak, je droeg shirtjes met het groene Lacostekrokodilletje of het Kappa-mannetje/vrouwtje. Bij dat laatste merk kon de tegen-stroom weer kiezen voor de piratenversie met het mannetje/vrouwtje in een heel andere houding dan de fabrikant bedoelde. Anderen identificeerden zich met krakers en hulden zich in legergroen in combinatie met palestinashawl ...
Al met al een onzekere, onrustige tijd met veel ideologisch vlagvertoon, oplopende werkloosheid en 'harde aksie'. In ieder geval ging de hand aan de beurs.

Pas in de jaren negentig kreeg de consument weer een beetje vertrouwen in de toekomst. Door het prijsbewuste inkopen en de doorzettende individualisering had de gevestigde orde het moeilijk. Spaarsystemen zoals Airmiles en klanten-

REYS
DANA

kaarten of speciale 'relatie-avonden' moesten het winkelen weer aantrekkelijk maken. Entertainment en opvallende acties maakten duidelijk dat shoppen 'fun' is: een vorm van recreatie. De Drie Dol Dwaze Dagen van de Bijenkorf zijn inmiddels een begrip.

De weelderige jaren negentig bleken overigens geen garantie voor het voortbestaan van ketens en afzonderlijke winkels.

unox
groentesoep
EXTRA GEVULD
PETER
STUYVESANT

Tekst: Art de Vos

Beeld: Spaarnestad Photo, ANP, en in sommige gevallen de archieven van de bedrijven die in dit boek voorkomen.
Acker, Pieter van: (p. 227), Amsterdam, Persfotobureau:(p. 176), Antonisse, Marcel (NA/Anefo):(p. 193), Artica Press: (p. 220), Eijk, Jan van: (p. 101), Friezer:(p. 214), Hilterman, Henk:(p. 21, 173), Hoef, Wout van de: (p. 6, 151, 174, 177, 200lb, 203, 222), Hofker, C.J.: (p. 4, 197), Mokveld, Peter:(p. 228), Nationaal Foto Persbureau: (p. 152), Nelissen, Ton: (p.15), Photomagic: (p. 204), Reintjens, Peike: (p. 201, 223), Schrofer, Matthijs: (p. 224), Siebeling, F.: (p. 205), Smits: (p. 23), Stuifbergen, Wilh.L.: (p. 197ro), Tol, P. van: (p. 199)
Advertenties uit de tijdschriften *Het Leven De Stad Amsterdam* en *Panorama*.
Design: Manifesta, Rotterdam
Druk: www.balmedia.nl

ISBN 978 90 5594 479 8